“道路交通安全智能化管控关键技术与集成示范”项目技术丛书
课题一 高速公路行车条件提升关键技术及装备研发

高速公路互通立交交通冲突分析技术及应用

项乔君 钟连德 李燊 顾欣 周建 著

人民交通出版社股份有限公司
China Communications Press Co.,Ltd.

内 容 提 要

本书在对高速公路互通立交交织区、合流区和分流区的交通冲突产生机理、数据采集方法、冲突分类和严重性判定等理论系统分析的基础上，对交通冲突技术在交通安全评价及应用做了系统介绍，建立了互通立交交通冲突分析方法的体系框架，并为定量研究互通立交交通安全相关问题提供了一种新思路。主要内容包括：交通冲突理论基础、交通冲突机理分析、交通数据采集方法、交通流特性分析、交通冲突分类及严重性判定、交通仿真实验设计、交通冲突分析模型构建方法、交通冲突技术的交通安全改善方法。

本书可供交通运输工程领域特别是从事交通安全教学、科研、管理的人员及交通工程、交通运输、土木工程、市政工程专业高年级本科生、研究生参考。

图书在版编目（CIP）数据

高速公路互通立交交通冲突分析技术及应用／项乔君等著．—北京：人民交通出版社股份有限公司，2016.12

ISBN 978-7-114-13334-3

Ⅰ.①高… Ⅱ.①项… Ⅲ.①高速公路—互通式立交—交通拥挤—研究 Ⅳ.①U412.36

中国版本图书馆 CIP 数据核字（2016）第 223041 号

书　　名： 高速公路互通立交交通冲突分析技术及应用
著 作 者： 项乔君　钟连德　李 燊　顾 欣　周 建
责任编辑： 戴慧莉
出版发行： 人民交通出版社股份有限公司
地　　址： （100011）北京市朝阳区安定门外外馆斜街 3 号
网　　址： http://www.ccpress.com.cn
销售电话： （010）59757973
总 经 销： 人民交通出版社股份有限公司发行部
经　　销： 各地新华书店
印　　刷： 北京市密东印刷有限公司
开　　本： 787 × 1092　1/16
印　　张： 8.5
字　　数： 173 千
版　　次： 2016 年 12 月　第 1 版
印　　次： 2016 年 12 月　第 1 次印刷
书　　号： ISBN 978-7-114-13334-3
定　　价： 42.00 元
（有印刷、装订质量问题的图书由本公司负责调换）

丛书编委会名单

丛书前言

自人类进入汽车社会以来，道路交通事故就如影随形，道路交通安全问题已经成为当今世界一个严重的社会问题。为了遏制道路交通事故的发生，降低道路交通事故的危害，人类做出了不懈的努力。进入21世纪，国际社会对道路交通安全问题愈发重视，在全球范围内掀起了提高道路交通安全性的新高潮。但是遏制道路交通事故发生、缓解道路交通安全压力仍是一项长期、漫长和艰巨的任务。

高速公路是公路交通运输系统的"大动脉"，承担了我国70%以上的公路运输交通量，已成为我国综合交通运输系统的重要组成部分。然而，随着高速公路的迅速发展，高速公路交通安全状况不容乐观。一是事故死亡人数占比较大，根据公安部发布的统计数据，2014年我国高速公路事故死亡人数占比达到了9.71%。二是事故率和死亡率仍然较高，2014年亿车公里事故率和死亡率分别为1.8和1.3，虽然低于普通国、省干线公路，但近年来有所上升，且仍远高于发达国家。与高等级公路相比，低等级公路数量大、覆盖面广，是农民群众出行的主要通道，甚至是唯一途径，对促进地区发展和便于农民出行有着极其重要的作用。低等级公路事故总量占比不高，但重特大事故的比例较大。统计数据显示，2010年至2014年一次死亡10人以上的特大交通事故中，41.52%发生在低等级公路上。随着我国机动化进程的不断加快，机动车数量和居民人均出行量进一步快速增长，改善道路交通安全的压力和难度仍在增大。

交通安全是道路交通研究永恒的主题，科技进步和新技术应用则是解决道路交通安全问题的重要手段。由科技部、公安部、交通运输部三个部委联合组织实施的《国家道路交通安全科技行动计划》一期项目"重特大道路交通事故综合预防与处置集成技术开发与示范应用"已于2012年正式通过验收，项目形成了大量具有先进性和实用性的研究成果，示范效果明显，示范路网内事故数平均下降了20.1%，重特大事故数降幅为21.4%，死亡人数平均降幅27%。正是基于此，2014年国家又启动了《国家道路交通安全科技行动计划》二期项目"道路交通安全智能化管控关键技术与集成示范”，其目标是在一期项目的基础上，利用传感网、大数据研判等先进信息技术，围绕道路交通安全的主要矛盾和突出问题，打造安全、有序的高速公路交通行车环境，实现交通行为全方位有效监管，促进重点驾驶人安全驾驶行为和习惯的养成、交通秩序根本性好转，全面提升重特大交通事故的主动防控能力。在低等级公路上重点制订低成本安全设施改善方案和设施安全规范，遏制重特大事故发生。

课题一《高速公路行车条件提升关键技术及装备研发》、课题六《低等级公路安全防控关键技术研发及示范》是“道路交通安全智能化管控关键技术与集成示范”的重要组成部分。课题一根据高速公路行车条件提升的长期需求和国内外交通安全技术的发展，充分分析我国高速公路交通安全的现状和特点，通过自主创新和高速公路行车条件提升技术的集成应用，研发高速公路设施风险动态评估技术及系统，研究连续下坡等高风险路段以及大雾冰雪等不利行车条件下的安全预警、智能诱导、设施处置和装备应用等一系列主被动安全提升技术，重点完善安全防护设施可靠性设计和研发以及指路标志系统性设计等关键技术，并从车路适应的角度，提出车辆运行安全技术条件，形成综合安全保障技术体系，全面提升高速公路行车环境。在此基础上形成一系列标准、规范和技术指南，并应用于全行业。课题六重点针对安全问题突出的低等级公路以及农村客运，形成涵盖设计、运营、管理以及高风险路段安全提升等领域的路网、路段两级交通安全防控技术体系，形成适合低等级公路使用的安全防控成套技术，有效遏制特大交通事故多发态势，综合提升低等级公路的安全保障水平。

在科技部、公安部和交通运输部三个部委的高度重视下，调动了在各相关方向有专长的科研单位、大学、企业及行业管理单位等30余家单位的400余位研究人员，共同参加《高速公路行车条件提升关键技术及装备研发》《低等级公路安全防控关键技术研发及示范》两个课题研究、示范工程建设及标准规范编制修订工作，取得了丰硕的研究成果，并通过“产、学、研、用”相结合的方式，保证研究成果达到了“实际、实用、实效”的要求。本丛书是对《高速公路行车条件提升关键技术及装备研发》《低等级公路安全防控关键技术研发及示范》课题部分成果的总结，是《国家道路交通安全科技行动计划》项目的重要成果之一。本丛书涉及公路风险评估、道路交通流理论与运行管理、道路交通安全设计、在用护栏评价与再利用、低等级公路交通安全综合处置以及农村客运安全发展等方面。丛书将为公路行业的运营管理及交通安全改善工作提供指导,有助于进一步提升高速公路和低等级公路的交通安全保障能力,具有重要的指导意义和实用价值。

本丛书在编写过程中,得到了交通运输部总工程师周伟,交通运输部公路局李华,交通运输部科教司庞松,交通运输部公路科学研究院王笑京、何勇、牛开民、傅宇方等领导的鼎力支持,得到了陈永耀、王彦卿、姜廷顺、杨新苗、邵春福、冯明怀、刘浩学、韩凤春和夏方庆等专家的热情指导,交通运输部公路科学研究院等30余家课题参加单位领导、同仁给予了大力配合,在此表示衷心感谢!书中参阅了大量的国内外文献,引述文献已尽量予以标注,但难免存在疏漏,在此对各文献作者一并致谢!

交通作为人民群众日常生活和国民经济运行的基本支撑,交通安全是一项长期和艰巨的工作,希望通过大家的共同努力,为我国交通安全事业的发展贡献微薄之力。

前 言

互通立交是高速公路的重要组成部分，是实现路网车辆转向的重要设施，对高速公路路网的通行能力和交通运行质量起关键作用。在互通立交区域内，由于车辆间的分流、合流、交织运行频繁，往往会引起主线交通流紊乱、行车速度剧烈变化、交通冲突发生概率增加、运行质量下降，成为高速公路的“瓶颈”路段和事故多发路段。以往关于互通立交的研究，主要集中在互通立交的通行能力方面，对于互通立交区域的交通安全研究则相对不足。

传统交通安全研究，多采用事故数据分析方法进行安全评价。由于事故的发生具有一定的偶然性，且事故统计资料的积累往往无法满足微观分析的需要，事故数据分析法在道路交通安全性能评价方面有很大的局限性。交通冲突技术能够克服现有事故数据不足或获取周期过长的弊端，又能够用来定量地研究交通设施的安全相关问题，在国内外的应用已较为普及。自20世纪90年代以来，我国逐步开展了交通冲突分析技术的研究，尤其在道路交叉口研究中，取得了较好成果，但在高速公路互通立交研究中是一项空白。交通条件不同导致交通流的运行特征存在较大的差异，表现在交通冲突技术中的一些核心问题，如交通冲突产生机理、交通冲突分类及交通冲突严重性划分标准等问题。

科学技术的不断发展，特别是无人机技术的广泛应用，以及视频追踪技术的不断升级，为互通立交的交通数据高质量采集与分析提供了有力支撑，解决了以往因互通立交地理位置偏远、周边高点架设视频采集设施困难等交通数据采集问题，为提出基于交通冲突的互通立交交通安全分析方法创造了基础条件。

本书依托“十二五”国家科技支撑计划《国家道路交通安全科技行动计划》中课题一——“高速公路行车条件提升关键技术及装备研发（课题编号：2014BAG01B01）”中的主要研究成果，系统地阐述了高速公路互通立交交通冲突分析方法的基本原理和关键技术，并结合实例论述了交通冲突技术应用中的主要技术环节。全书包括基础理论部分（第2章：交通冲突理论基础；第3章：交通冲突机理分析；第4章：交通数据采集方法；第5章：交通流特性分析；第6章：交通冲突分类及严重性判定）和工程应用部分（第 7 章：交通仿真实验设计；第 8 章：交通冲突分析模型构建方法；第 9 章：基于交通冲突技术的交通安全改善方法）。

本书所涉及的基础理论主要针对互通立交设施的交织区、合流区和分流区，研究内容包括交通冲突在交通安全评价中的应用和基于交通冲突技术的分析预测模型，拓宽了交通冲突技术的应用领域。作者期望本书能够为研究互通立交交通安全问题提供一种系统的方法和思路。

本书除署名作者外，戴骏晨参与了第 1 章、第 5 章、第 7 章、第 9 章撰写；唐超参与了第 2 章、第 3 章、第 4 章撰写；赵世鹏参与了第 6 章、第 8 章撰写。

鉴于交通冲突技术仍处在不断探索和发展之中，加上作者水平有限，错误和不妥之处在所难免，敬请广大读者批评指正。

作　者

2016 年 7 月

目　录

第1章　绪　　论

高速公路互通立交系统包括基本路段、交织区、合流区和分流区，是一种连续流交通设施，在提升高速公路通行能力方面发挥了重要作用。互通立交作为高速公路网络节点，是整个网络服务品质提升的关键所在。因而，保证互通立交安全通畅是重中之重。

长期以来，国内外在交通安全评价领域大多采用事故统计的方法，由于事故数据是交通不安全状况的集中表现，能够表征道路交通的平均安全状况，因此采用事故数据分析道路交通安全状况具有较高的可信度。但由于中国在交通安全领域的研究起步较晚，目前尚未建立满足微观层次分析需要的交通事故统计资料，使得采用事故数据统计的方法分析道路设施的交通安全性能存在一定的局限性，加上事故的发生通常是多个不安全因素共同作用的结果，具有较大的偶然性，即使获得一定的事故统计数据，也未必能对道路设施的安全性能，特别是影响交通安全的主要症结做出准确的判断。因此，如何建立一种更有效的评价体系，可以在短期内获得安全评价的相关数据，克服事故数据采集周期过长的弊端，同时采集到的数据又能和事故数据存在一定的相关性和可替换性，能够很好地表征道路交通的真实安全水平，一直是工程技术领域研究的热点。

交通冲突技术（Traffic Conflict Technique，简称TCT），具有可观测、效率高、定量化等特点，是一种非事故的交通安全分析方法。该技术在公路平面交叉口的应用已经取得了良好的效果，为其在互通立交系统的应用提供了可能。

1.1　高速公路互通立交交通安全现状

随着高速公路规模的快速增长和网络的不断完善，高速公路对促进国家社会经济发展的作用日益显著，与此同时，高速公路的交通安全状况却不容乐观。统计资料显示，我国高速公路里程占公路的总里程不足2%，而高速公路交通事故数、死亡人数和直接损失所占比例却分别占全部事故的4.55%、10.34%和31.97%[1-3]。高速公路事故具有重特大交通事故多、伤亡率高、直接经济损失严重等特点，尤其是一些特殊路段如长大纵坡、弯坡组合以及一些重要构造物，如桥梁、隧道和互通立交等，交通事故频繁发生。而在高速公路交通事故分布中，尽管互通立交所占里程比例不高，但发生在互通立交的交通事故却占有相当大的比例。据统计，京津塘高速公路2002~2004年互通立交发生的事故数占总事故数的14%[4]；沈大高速公路2005年在26座互通立交发生的事故数有170起，占交通事故总数的34%[5]。

作为高速公路网的枢纽，互通立交的运行状态对整个路网的运行会产生显著的影响。因此，对互通立交通行能力的研究一直是高速公路一项重要的研究内容，并取得了可喜的研究成果，这些成果对指导互通立交的规划与设计发挥了重要的作用[6]。然而，在交通安全方面的研究却相对滞后，相应研究成果在互通立交规划与设计方面的应用较少。事实上，导致互通立交交通事故频发的原因，除了不规范的驾驶行为外，道路设计指标的不合理也是诱发交通事故的重要因素。在运营管理方面，高速公路互通立交主要依靠交通工程设施，告知互通立交的可达方向、车辆行驶警告等引导车辆行驶，如标志标线等，关于标志标线设置与交通安全关系的研究甚少[7]。高速公路的安全问题可以分为以下几方面。

(1)道路线形组合设计不合理。

道路线形几何设计不合理及多种不良线形的组合，均可能导致交通事故发生。匝道圆曲线半径、渐变段曲率、坡度以及超高的组合设计较为复杂，指标取值不合理，容易造成车辆翻车，特别是对于大型客货车，因车辆磨损大、车辆性能较差，对线形指标值的选取要求更高。

(2)匝道出入口端部设计不合理。

匝道出入口是实现主线与匝道交通转换的部分，是事故和冲突多发区域。匝道端部设计要考虑匝道与主线的连接形式、变速车道长度、速度一致性、视距等要素。加速车道长度不足，导致匝道车辆汇入主线时速度太低，容易发生追尾事故；减速车道不足，主线驶出车辆运行速度与匝道设计速度不协调，容易造成追尾和翻车事故。匝道出入口端部陡坡和急弯组合，导致匝道车辆观察主线车辆视线受阻、视距不足等问题。

(3)交通标志标线设置不合理。

出口预告标志设置位置不合理、版面设计过于复杂、信息量过多、版面模糊未及时更新等问题，会导致驾驶人未及时得到明确的指引，内侧车道车辆未及时换至外侧车道，容易在出口位置出现强行变道或者危险倒车的现象。标线磨损严重、箭头和字迹模糊、反光性能差，也可能会导致车辆发生侧击事故。

(4)不良天气的影响。

冰雪、下雨、强风、团雾等不良天气会大大影响车辆性能、路面摩擦、视距以及驾驶人的驾驶能力，由于互通立交复杂的构造形式和交通流特性，往往造成连续追尾、翻车等事故，同时，恶劣天气的影响下，能见度大大降低，容易发生二次事故。

1.2　传统交通安全分析方法

缓解高速公路互通立交交通安全形势的首要且关键的一步是进行交通安全分析，在认清互通立交交通安全机理、交通安全水平的基础上，可为相关部门提供参考，从而修订、完善相关标准、规范以及制订有效的安全改善措施。传统交通安全分析方法主要包括：交通事故分析、交通安全诊断和交通流稳定性分析。

1.2.1　交通事故分析

交通事故分析方法是通过交通事故数据的采集，获取研究对象的事故数据，根据一系列的事故计算指标进行安全分析，从不同的角度审视道路存在的交通安全风险，目的在于查明交通事故的总体现状，发现事故发展的整体规律以及各种影响因素对事故的作用，从宏观、中观和微观三个层面上认识事故的分布与演变规律。交通事故指标在道路交通安全分析与评价方面有广泛的应用，主要体现在宏观层面分析事故发生规律、微观层面查找事故黑点和交通安全设计方案评价三个方面。

(1)分析事故发生规律。

研究一个区域的交通事故指标，可以帮助我们找出事故发展趋势及发展规律，从而发现城市、区域、路网的交通安全症结，在宏观方面进行制订交通安全政策，指导交通安全规划。

(2)查找事故黑点。

事故黑点为事故多发点，是通常所说的事故易发点、危险地点。

事故黑点是指在一定的时段内，发生的交通事故指标具有统计学意义地超过了规定阈值的位置(点、路段或区域)。从交通安全规划、设计角度考虑，事故黑点为在一定的条件下，道路条件对驾驶技能要求远远超出了正常的驾驶人驾驶能力的位置。

交通事故黑点的鉴别标准是指在具体判别道路网特定地点(点、段、区域)是否危险，亦即交通事故多发和交通事故损失严重的可能性是否明显高于道路网中其他地点时所依据的定量化指标。确定道路的交通事故黑点鉴别标准时，通常主要考虑交通事故的发生次数和交通事故的损失情况这两项因素。另外，交通事故黑点的鉴别标准是与一定的鉴别方法相对应的，采用什么样的鉴别方法，就会有一套与之相对应的、特定的鉴别标准存在。

(3)交通安全设计方案评价。

事故评价法是评价交通设施最常采用的方法，其中包括事故数、事故率、事故严重度等评价模型。事故评价法以事故及事故率为评价指标，用数学统计建立道路的事故模型，对道路事故率和事故严重程度的分布进行统计分析，得出基于统计分析的安全分析方法。运用事故评价法进行交通安全评价，可以准确地寻求道路交通设施中存在的主要问题,指导交通安全设计。

1.2.2 交通安全诊断

交通安全诊断是应用系统工程的原理和方法,对道路设施事故发生的原因、显著性和可能造成事故的恶性程度及各种隐患形式进行定性和定量分析。安全诊断基于交通安全分析的基础,不同于单纯的安全性能评价,安全诊断和改善的目的在于发现和分析影响交通安全的主要问题,针对问题提出经济有效的解决方案,指导交通安全设计。

道路交通安全诊断是从现有的状况出发,从工程、设施及交通环境等方面对道路设施交通安全进行系统的诊断和改善分析。

(1)交通安全影响因素分析。

经过资料的收集和研究,将可能存在的影响安全的因素按照几何条件、交通控制和交通环境进行分类,再对每一大类进行分类,得到一系列子类,以此类推,罗列出所有与交通安全有关的因素,并经过现场调查和反复论证,最后确定各类道路设施的交通安全主要影响因素;然后,在此基础上设计出交通安全问题诊断表。

(2)评判标准的制订。

为了消除工程应用人员主观判断的偏差,针对各类道路交通设施交通安全的每个影响因素制订了显著性和可能造成事故恶性程度的评判标准。制订的主要依据是目前的规范、标准、研究资料、实践经验及专家的建议等。

(3)交通安全影响因素排序方法。

在现场调查时,根据各类道路设施交通安全诊断存在的主要问题,分别从显著性和恶性程度两个方面进行诊断并依据评判标准进行排序分析,通过回归分析的方法确定了排序模型中显著性和恶性程度的权重,并由此建立起交通安全影响因素的排序方法。

(4)改善对策。

依据各类道路设施交通安全影响因素的分类,列出所有可能的交通安全改善对策,并根据交通安全问题和实际情况进行补充和筛选,最后得到交通安全改善对策。

(5)改善对策排序方法。

依据发达国家的研究资料并结合我国的国情,建立和改善对策(事故折减系数)分析方法;通过对文献资料的研究和广泛分析,制订改善对策的成因(工程造价)分析方法。在改善对策成本和效益分析方法的基础上提出改善对策的排序方法,建立改善对策的排序模型。

1.2.3 交通流稳定性分析

交通流稳定性描述的是一种状态,在这种状态下,道路系统各要素协调配合,交通流中车辆行为差距不大,驾驶人感受到安全和舒适。这需要工程技术人员通过一些可测性指标描述这种状态。度量交通流稳定性的指标主要是速度指标。

根据观测,影响交通性能的并非是单点的运行速度,而是运行速度的变化轨迹。美国的相关研究表明,道路相邻平曲线段的运行速度落差大(即速度梯度大),则该曲线的安全记录就差,具体数据见表 1-1。

运行速度变化趋势与交通事故率的相关性　　表 1-1

运行速度梯度	平曲线个数	3 年累计事故数	交通周转量(百万车公里)	事故率(事故/百万车公里)
$\Delta v_{85} \leqslant 10$km/h	4518	1483	3206.06	0.46
10km/h < $\Delta v_{85} \leqslant 20$km/h	622	217	150.46	1.44
$\Delta v_{85} > 20$km/h	147	47	17.05	2.76
合计	5287	1747	3373.57	0.52

注:Δv_{85} 为相邻区段的 85% 位车速的偏差(梯度)值。

由表 1-1 可以看出,三组不同运行速度梯度的道路区段,其事故率水平有着显著的差异,表现出速度梯度越大,则事故率越高的趋势。

1.3 基于交通冲突技术的交通安全分析

传统基于事故数据的交通安全分析方法往往由于数据不全而使应用受到限制;交通安全诊断则更适用于区域交通安全的改善;交通流稳定性分析能较好地反映影响交通安全的机理性因素,但现有的交通流稳定性分析往往深度不足,并且该方法可作为更接近于事故产生机理的交通冲突分析方法的基础。

因此,本书采用基于交通冲突技术的评价方法,其具有如下显而易见的优点:

(1)相比与基于交通事故数据的分析,交通冲突技术可以在短期内获得交通安全评价指标,便于交通安全改善决策;

(2)改善结果可以在短期内得到反馈并继续优化,从而提高了安全提升的效率;

(3)可以通过观测获得驾驶人行为特性,贴近事故产生机理。

多年来,交通冲突技术受到一系列专家与学者的关注,并对其投入实际应用做出了大量的科研工作。然而交通冲突技术在高速公路互通立交方面的应用仍然较少,将此技术引入该领域将有效地促进互通立交安全评价的实效性,为解决严峻的交通安全形势提供了一个新思路。

1.3.1 交通冲突技术简介

交通事故是交通安全状况的集中体现,能够表征道路的平均安全状况,采用事故数据分析道路交通安全状况可信度较高。然而,这种可靠性是基于两个基本条件的,一是要有足够的样本,即事故数量要能够满足统计分析的需要,偶发的交通事故不能真实地反映道路的交通安全水平;二是交通事故数据要分类统计,每一数据类要有相似的道路与交通条件,高速公路与普通道路的数据不具有可比性,某交叉口由无信号交叉口改造成信号交叉口,改造前的数据不能用于改造后的交通安全分析。也就是说,应用交通事故数据进行交通安全分析时,我们希望获得尽可能多的交通事故数据,但又希望这些事故是在相似的道路和交通条件下发生的,这在很大程度上限制了交通事故分析方法的应用。

如何在短时间内获得交通安全分析相关数据,同时采集到的数据又能和事故数据存在一定的相关性和可替换性,能够很好地表征道路交通的真实安全水平,一直是交通安全技术领域研究的热点,交通冲突技术(Traffic Conflict Technique,TCT)就是在这样的背景下发展起来的。交通冲突分析技术在我国有很好的应用前景。

交通冲突(Traffic Conflict)定义为两个或两个以上道路使用者在同一时间、空间上互相接近,除非另一方采取相应的避险行为,否则会发生碰撞。相似于交通事故,交通冲突也可表述为两个交通行为者在空间运动时相互作用的结果。交通事故与交通冲突的成因及发生过程完全相似,从这种意义上说,交通事故也可归属于交通冲突范畴,两者之间唯一的区别在于是否发生了有损害的后果。

1.3.2 交通冲突分析方法的可靠性

交通冲突方法克服了事故数据缺乏或在短期内较难获得的弊端,工程技术人员可以通过对交通冲突数据的快速采集和分析处理,开展交通安全评价、诊断和事故预测等方面的工作。但是,交通冲突毕竟不是交通安全的直接指标,为保证交通冲突分析的可靠性,需要注意以下几个技术环节。

(1)数据采集的可靠性是前提。

对交通安全状况的准确评价,一个基本前提就是采集大量的交通冲突数据。交通冲突样本量不仅需要满足调查精度的要求,还需要根据具体的道路设施交通事故的特点对交通冲突进行合理的分类。如在高速公路基本路段,事故形态多以追尾和侧击为主,交通冲突可以划分为追尾冲突和侧击冲突,而在交叉口,事故形态远多于高速公路基本路段,冲突类型划分相应也要多于高速公路基本路段的冲突类型。此外,由于目前交通冲突数据尚不能实现自动采集,需要通过现场观测(或视频回放)后进行人工判断才能获得,这就要求数据观测点要能够俯视调查区域全貌。

(2)冲突严重性的判定是基础。

交通冲突的严重程度越高,与交通事故之间的关联性也越高,属于需要解决的重要安全隐患点,同时有利于解决主要问题。因此,确定交通冲突严重等级划分标准并对样本进行严重等级分类是交通冲突分析技术的基础工作。

(3)冲突机理的研究是关键。

交通安全研究的最终目的是为了改善现有的安全状况,交通冲突作为交通不安全状况的体现,其产生与人、车、路、环境等诸因素均有一定的关系,在诸多因素中,找出与产生冲突关联较大的指标并确定其影响程度，可以为交通安全诊断、交通安全改善等后续工作奠定基础。

(4)工程应用是归属。

交通冲突分析方法是否有效，在工程技术领域是否具有可操作性，要依靠实际应用情况进行判断。在交通安全设计、交通安全评价、事故预测、交通安全诊断中，如何应用交通冲突技术快速地得到相关结论，是交通冲突研究的出发点和落脚点。

1.4 关键技术

基于交通冲突技术的高速公路互通立交交通安全分析方法作为一种方法体系，由若干部分组成，各部分内容既相互独立又互相联系，共同构成交通冲突分析方法的体系框架。结合国内外的研究情况，归纳关键技术如下。

(1)交通冲突产生机理研究。

交通冲突的产生与哪些因素有关，各影响因素与冲突相关指标间有着怎样的关系，是交通冲突分析方法应首先解决的问题。在明确交通冲突的产生机理后，可以为采取针对性的措施改善交通设施的安全状况提供依据。

(2)基础数据的采集方法。

高速公路互通立交交通安全分析，需要采用现场交通流观测方法进行交通流统计分析和模型理论建模。因此，有效获得交通流数据和交通冲突数据，是项目能否顺利开展的基础条件。

(3)互通立交交通冲突的分类和严重性判定。

交通冲突分类的研究对于简化数据采集和降低分析处理的工作量有着重要意义。而冲突的严重性判定，则是后续交通安全评价、安全诊断、事故预测等部分的基础工作。

1.5 主要研究内容

(1)交通运行特征分析。

交通运行特征分析研究互通立交的交通运行特征，为互通立交交通冲突机理研究奠定基础，主要通过现场交通流观测及统计分析的方法展开，即充分借鉴国内外互通立交设计规范，实地考察各类型互通立交，依据确定交通流数据调查点，利用现场录像及车辆跟踪的方法初步获取该区域的交通流数据，分析归纳互通立交交通流运行规律。

预期研究结论：结合交通流运行规律，确定影响互通立交交通流运行的特征参数，包括交通量、交通组成、交织比、合流比、分流比、匝道半径、加减速车道长度等。

(2)交通冲突产生机理研究。

从研究互通立交交通冲突的产生过程入手，分析交通流特征参数对交通冲突的影响,揭示互通立交冲突产生机理。

选定交通冲突参数为TTC(Time to Collision)。交通冲突研究的基础之一是交通冲突类型的划分及交通冲突严重程度的界定。为便于研究的开展,交通冲突类型不宜划分过多。互通立交交通冲突表现形式多为侧击(变道)和追尾冲突。交通冲突严重程度划分标准将根据实测数据(TTC)的分布,按照主观与客观相统一的方法进行,即确定严重、一般两种冲突的TTC阈值。

在互通立交的各组成部分选取有代表性的样本进行详细数据分析,包括现场道路条件和交通流运行特征参数的分析;不同断面的点速度分布、车头间距(时距);各类型交通冲突的计算与统计等。

利用统计方法回归分析道路条件和交通条件、交通流运行特征参数与交通冲突类型、数量之间的关系。

预期研究目标:根据互通立交的各组成部分交通流运行特征进行交通冲突机理分析,初步确定影响互通立交交通冲突的关键指标,为冲突模型的建立奠定基础。

(3)交通冲突的分析模型。

建立交通流冲突指标与交通流特征参数的内在联系。将利用主成分分析方法对衡量交通流特征的初始指标进行降维处理,用交通流主成分指标综合反映交通流特征。在此基础上,通过实测数据,计算不同功能区的交通流主成分指标。利用统计建模方法,建立交通流主成分指标与交通冲突(包括类型、严重性及规模)之间的统计模型。

预期结论:建立交通流主成分指标与交通冲突的统计分析模型。

(4)应用研究。

基于以上研究,选取一个有代表性的互通立交进行示范性应用。通过现场观测,获取评价模型所需参数,采用已经建立的评价模型评价互通立交的交通安全性。

研究交通安全设施布设、构造物改造等对交通流运行特征的影响,预测其交通安全状况的变化,评价交通安全改善的效果,分析在不同的道路和交通条件下的交通安全水平差异及造成这种差异的原因。交通安全设施布设、构造物改造等对交通流运行特征的影响,将采用交通流仿真分析的方法进行。

第2章 交通冲突理论基础

2.1 引言

长期以来,国内外均采用以交通事故统计为基础的交通安全评价体系,用于交通管制及道路交通安全诊断。但是,该方法存在着"小样本、长周期、大区域、低信度"的特点,特别是对于我国,历史交通事故记录缺失,事故数据库建立不完善,导致采用事故统计分析的方法来研究道路交通安全缺乏足够的数据支撑和信度。因此,采用非事故数据替代事故来进行交通安全评价具有重要意义。在此背景下,交通冲突技术作为国际交通安全领域新开发的非事故统计评价理论应运而生。

交通冲突技术以"大样本、短周期、定量、非事故"等特点而异于传统的事故统计评价方法。它是一种依据一定的测量方法与判别标准,对交通冲突的发生过程以及严重性程度进行测量和判别,并应用于安全评价和预测的技术方法。

目前,国内外对交通冲突的研究已取得一定成果,并将其应用在道路设施的安全评价中,主要体现在交通冲突定义、冲突与事故的关系、冲突的指标选取以及安全评价方法等。本章分别从这四个方面对交通冲突的研究基础进行介绍,梳理已有的研究成果。

2.2 交通冲突定义

1977 年在奥斯陆会议上,由 Amundsen 和 Hyden 第一次给出了交通冲突的定义:两个或多个道路使用者在一定时间和空间上彼此接近到一定程度,此时若不改变其运动状态,就有发生碰撞危险的交通现象称为交通冲突。

(1)依据这个定义在实际观测中很难辨别冲突和非冲突,更多研究者将冲突和冲突发生可能产生的碰撞结果相结合,并考虑避险驾驶行为的变化,给出以下两种新的定义。

一种以美国为代表,其定义为:交通冲突是驾驶人的躲避行动或交通违法。躲避行动是由制动灯显示表明的车辆制动和由车道改变表明的原定行驶方向的改变。

另一种以欧洲为代表,其定义为:交通冲突是交通行为者发生相会、超越、追尾等交通遭遇时,有可能导致发生交通损害的危险交通现象。

(2)一些学者根据不同形态的交通冲突所导致的交通事故的严重程度的不同,将交通危险事件分为无干扰通过、非严重冲突、严重冲突和事故,其数量关系呈塔形关系分布,可以分为四类描述,即无干扰通过、可能冲突、轻微冲突和严重冲突。

①无干扰通过:一个道路使用者在通行于某交叉口时,未遭受到其他道路使用者的干扰。

②可能冲突:两个道路使用者以危险的方式相互逼近,除非其中一方采取避险行为,否则冲突即将发生,但在采取避险行为之前存在充分的反应时间。

③轻微冲突:两个道路使用者以一种明显将要导致严重冲突危险的方式相互逼近,而且仅有极短的时间供其引起警惕并采取正确的避险行为来避险事故的发生。

④严重冲突:两个道路使用者在这种情况下只能通过快速判断和紧急避险行为方能避免事故的发生。

2.3 交通冲突与交通事故的关系

(1)交通冲突与事故的相关性。

交通冲突的实质是交通行为不安全因素的表现形式,其发展即可能导致事故发生,也可能因采取的避险行为得当而避免事故的发生。事故与冲突的成因与前期过程完全相似,两者的唯一差别在于是否发生了直接的损害性后果,因而事故与冲突存在着极为相似的形式。事故与冲突的关系可用冲突的严重性程度进行描述。根据交通危险事件的严重性又可将其具体分为无干扰通过、非严重冲突、严重冲突和事故,呈现金字塔形如图 2-1 所示。交通冲突研究的关键在于判定是否为严重冲突以及确定严重冲突与事故的关系[8]。

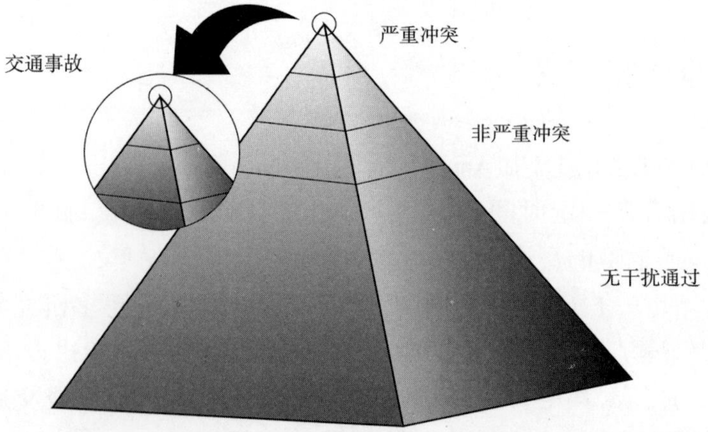

图 2-1　交通冲突与交通事故的关系

(2)交通冲突与事故的相异性。

交通冲突的过程有效性问题源自于交通冲突在交通参与者相互作用过程中的具体位置[9]。从定义上讲,交通事故是指车辆在道路上因过错或者意外造成人身伤亡或者财产损失的事件。交通事故一定是有损失,而交通冲突是未发生事故,没有产生实质后果。如图2-2所示,部分学者认为交通冲突和交通事故都产生于避险行为之后,是避险行为作用效果不同所导致的不同结果,因此两者是相互平行的[10,11],即两者相异。

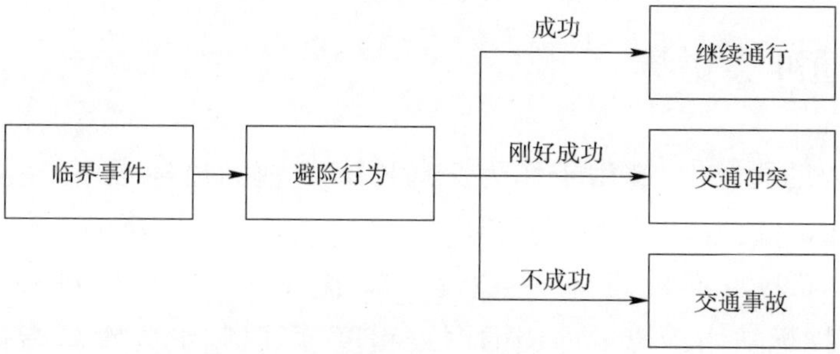

图2-2　交通冲突与交通事故是平行关系

2.4　交通冲突与事故的替代性研究

冲突与事故的相关性研究表明,二者之间存在着一定的相互替换关系[8,12]。这一关系可由替换系数 π 予以描述,即 π 值的定义为一次冲突导致事故发生的概率。

$$\pi_1 = P_i \frac{C_i}{A_i} \quad \pi_2 = P_i \frac{C_i}{A_i} \tag{2-1}$$

式中:π_1——发生该数量冲突数可能会发生一次事故;

π_2——一次冲突可能发生一次事故的概率;

i——某交通冲突发生位置;

A——小时事故记录;

C——小时冲突记录数;

P——泊松分布,由最大似然估计值得出:

$$P_1 = \frac{\sum C_i}{\sum A_i} \quad P_1 = \frac{\sum C_i}{\sum A_i} \tag{2-2}$$

假设事故与冲突线性相关:$y = a + bx$。y 代表事故数,x 代表冲突数。根据已获得的事故统计数据与交通冲突观测数据,可以建立事故与冲突之间的回归关系[13]。

$$a = \bar{y} - b\bar{x}, b = \frac{\sum_{i=1}^{n}(x_i - \bar{x})(y_i - \bar{y})}{\sum_{i=1}^{n}(x_i - \bar{x})^2} \tag{2-3}$$

$$\bar{x}=\frac{1}{n}\sum_{i=1}^{n}x_i,\bar{y}=\frac{1}{n}\sum_{i=1}^{n}y_i \tag{2-4}$$

$$r=\frac{n\sum xy-\sum x\sum y}{\sqrt{n\sum x^2-(\sum x)^2}\sqrt{n\sum y^2-(\sum y)^2}} \tag{2-5}$$

式中：n——样本数；

r——相关系数。

2.5 交通冲突指标

目前，国内外的研究中，被用于作为交通冲突判别的指标很多，主要有距碰撞时间TTC(time to collision)、后车侵入时间PET(post encroachment time)、安全减速时间DTS(deceleration to safety time)、避免冲突最大减速率DRAC(deceleration rate to avoid crash)等。这些指标被用于衡量冲突的严重程度，可以归纳为距离指标、时间指标、速度指标、能量指标四种。

(1)距离指标：指当事者避险行为生效，客观表示为交通行为者的外观运动状态发生突变的瞬间位置距事故接触点的距离。认为交通冲突的危险程度与冲突距离成反比，距离越大，冲突的严重程度越低。

(2)速度指标：冲突当事者避险行为生效时的瞬间速度。认为速度越大，车辆冲突的严重程度越大。

(3)时间指标：综合考虑距离和速度因素，交通冲突当事者避险行为生效，客观表示为交通行为者的外观运动状态发生变化的瞬间至事故接触点的时间过程。通常用TTC作为衡量冲突严重程度的指标。

(4)能量指标：用冲突发生前后，冲突实体的能量变化描述冲突的严重程度。在计算冲突实体能量变化时，需要综合考虑冲突实体的质量、冲突角度、冲突速度、地面附着系数等因素的影响。

2.6 基于交通冲突技术的安全评价方法

基于冲突技术的安全评价是指在应用研究上，运用交通冲突分析方法对交通设施进行安全评价。目前，对交叉口的安全评价方法研究较多，大致可以分为以下几类：基于事故预测的评价方法、基于冲突率的评价方法、基于冲突点的评价方法和基于冲突概率的评价方法[14]。

(1)基于事故预测的评价方法。

交通安全评价与事故预测是研究交通冲突群的量的关系，即通过使用交通冲突技术方法,对单位时间内所发生的交通冲突群进行分类调查统计和数据量化处理,从中找出冲突指标与交通事故分布之间的关系。

各类型冲突与同类型事故有较好的关系,使用预测模型的事故值与实际事故值相差较小,证明交通冲突是有效的。当事故数据不足或不尽可靠时,可以用冲突对道路设施的安全度进行快速评价。

(2)基于冲突率的评价方法。

目前,利用冲突技术进行评价,通常根据实际调查数据得到冲突发生的比率及相关指标,通过比较指标数值大小完成安全评价工作,或采用一定的数学方法进行数据处理,进而对道路设施的安全进行评价。

采用较多的数学方法有一般的数理统计方法、模糊聚类及灰色理论等方法,基于已有的数学方法的优缺点,鉴于冲突数据获取的特点,灰色理论的交通冲突安全评价应用更为广泛。在评价道路交叉口安全水平时,有时不可能也没必要在获取全部指标的统计信息后进行评价。灰色理论针对交通安全信息不完全的特点,通过对少量已知信息的筛选、加工、延伸和拓展,来认识系统的某些特性,可以达到评价道路安全水平的目的。

(3)基于冲突点的评价方法。

基于冲突点的安全评价方法,是指通过计算冲突点数以及各冲突点存在的潜在危险度来评价道路设施的安全度。例如,针对无信号和信号控制交叉口,分别计算机动车与机动车冲突点、机动车与非机动车冲突点、机动车与行人冲突点以及每种冲突点的潜在危险度,建立综合模型用于评价交叉口安全服务水平。

(4)基于冲突概率的评价方法。

基于冲突概率的评价方法是通过描述发生在冲突点的不同车流的相互作用,建立不同方向的车辆在冲突点发生冲突的概率模型,进而对交叉口安全进行评价。

第3章　交通冲突机理分析

研究互通立交交通冲突的形成机理，旨在分析互通立交不安全状况背后的原因，研究是什么导致了交通冲突的产生、影响因素与冲突之间有怎样的联系。交通冲突形成机理的研究，是交通冲突技术的基础工作，也是交通安全性分析、交通安全诊断及改善对策制订的理论基础。

3.1　引言

互通式立交具有交通转换功能和空间多层结构形态两大特征。车辆在有限空间内通过匝道实现行驶公路的转换，在此过程中，车辆运行状态及所处的交通道路环境不断地发生改变；同时，互通立交受到资金、地形以及环境限制，互通立交设计指标往往较低，而当几个低指标相互组合时，构成的道路线形可能造成运行条件更为复杂。这些原因导致了互通立交成为高速公路的事故集中段，分析互通立交交通安全问题，应从分析交通事故或冲突产生的根源入手，才能对症下药。

交通冲突在本质上是交通行为不安全因素的表现形式，每一个交通冲突都可能导致交通事故的发生，也可能因采取避险行为得当而避免。交通冲突技术的理论研究与实践表明，冲突与事故的成因、冲突与事故的发生过程有极大的相似性，两者的唯一区别在于是否发生了直接的损害性后果。交通冲突相对于交通事故，获取数据较容易，且交通冲突的产生过程也可以在现场直接观测得到。因此，采用交通冲突技术进行安全评价、交通安全诊断及改善更具有操作性。

在常规的交通事故分析中，通常将人的因素放在首要位置上考虑。在一起交通事故的形成中，不可完全将责任归结为人的因素，其他因素的作用同样不可忽视。这些因素相互关联、相互作用，共同影响着交通安全。与交通事故一样，交通冲突是由于多种复杂因素造成的。鉴于此，本章将进一步分析不同因素对交通安全的影响，即什么样的基本元素，在什么过程中，导致了交通冲突的产生，这些因素与交通冲突数、冲突率和强度之间存在着何种内在关联。这些内在规律是揭示交通冲突本质特征的核心和基础。

3.2 互通立交形式及组成

互通立交交通冲突形成机理研究,首先需要对互通立交的构造形式和组成有充分地了解,才能针对互通立交安全问题展开相关研究。

3.2.1 立交形式

互通立交是指设跨线构造物使相交道路空间分离,而且上、下道路之间有匝道连接,以供转弯车辆行驶的交叉方式。区别于其他立交,它的特点是上、下道路的车辆可以转弯行驶,全部或部分消除了冲突点,各方向行车相互干扰小,基本是连续流交通设施,但立交结构复杂,占地多,造价较高。

互通式立体交叉根据交叉车流轨迹线的交叉方式和几何形状的不同,又可分为完全互通式、部分互通式和交织式立体交叉三种类型[15]。

(1)完全互通式立体交叉:即相交道路的车流轨迹线全部在空间分离的交叉。它是一种比较完善的高级形式立交,代表形式有喇叭形立交和全苜蓿叶式立交。它的特点是匝道数与转弯方向数相等,各转弯方向都有专用匝道,基本无冲突点,行车安全,通行能力大,但立交占地面积大,造价高,适用于高速公路之间及高速公路与其他等级较高的道路相交。

(2)部分互通式立体交叉:即相交道路的车流轨迹线之间至少存在一个平面冲突点的交叉。这是较低级的互通式立体交叉,代表立交形式有部分苜蓿叶式立交和菱形立交。其特点是形式简单,占地小,造价低,但存在平面交叉,对行车干扰大,适用于高速公路与次要道路相交,或者受地形和造价限制的立交。

(3)交织式立体交叉:即相交道路的车流轨迹线以交织的方式运行,存在交织路段的交叉,代表形式有环形立体交叉。其特点是能保证主要道路直通,交通组织方便,占地小,但通行能力受换道交织能力的限制,适用于主要道路与一般道路,五条及五条以上道路相交为宜。

三种互通式立体交叉中,城市多道路相交的情况采用交织式立体交叉,高速公路主要以完全互通式立体交叉和部分互通式立体交叉为主。常见的高速公路互通立交形式主要有菱形、部分苜蓿叶形、喇叭形、定向形、环形及苜蓿叶形立体交叉等。它们的构造形式及特点见表3-1。

3.2.2 立交组成部分

互通式立体交叉主要是由主线、立交桥、匝道、变速车道、引道、过渡段、出入口、集散车道等结构组成。以完全互通式苜蓿叶形立体交叉为例,其基本组成部分如图3-1所示。

根据高速公路互通立交的构造形式,可以看出:互通立交是由基本路段、匝道、匝道与主线的连接处(合流区、分流区以及交织区)共同组成。其中,匝道是连接两条高速公路,实现两者交通量相互转换的车道。在匝道与主线连接处,车辆进行分流、合流;当匝道进口与匝道出口相互接近时,形成车流的交织。

常见的高速公路互通立交形式及优缺点 表 3-1

立交形式	示意图	特点
喇叭形立体交叉	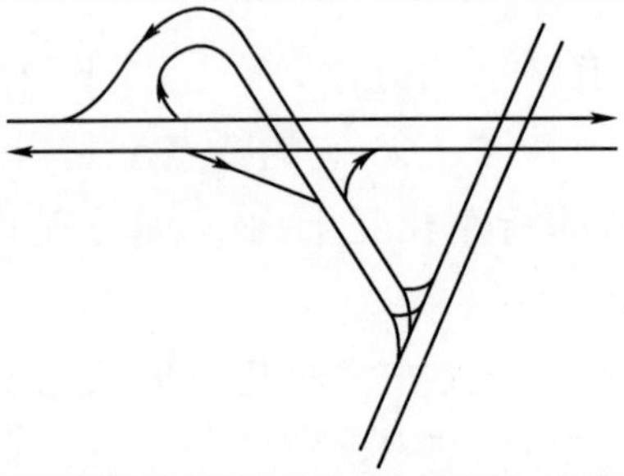	优点:结构简单,造型美观,行车方向容易辨识;只需一座跨线构造物,造价低;没有交织,通行能力大,行车安全。 缺点:环圈式匝道行车速度低,左转弯绕行距离长
部分苜蓿叶形立体交叉	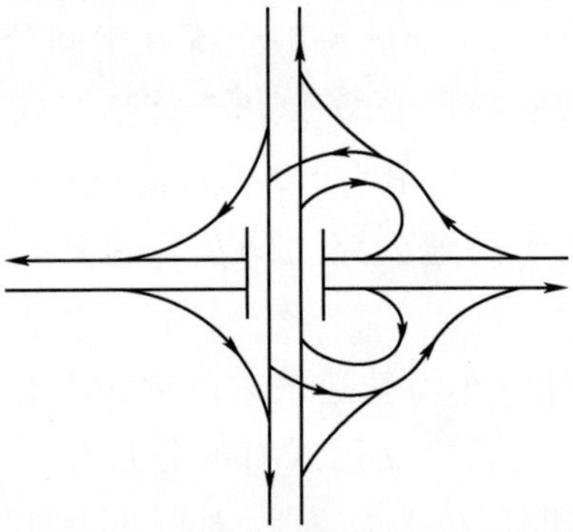	优点:可保证主要道路直行车辆快速畅通;驶出方式单一;便于分期修建,远期可扩建为全苜蓿叶形立体交叉。 缺点:次要道路存在平面冲突点,影响通行能力和行车安全;次要道路可能出现停车等待和错路运行现象
菱形立体交叉	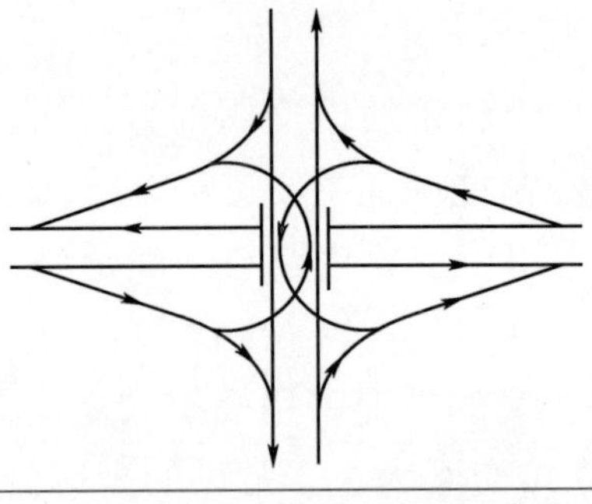	优点:形式简单,造价低;保证主要道路直行车辆快速畅通;主要道路下穿时匝道坡度便于驶出车辆减速和驶入车辆加速。 缺点:次要道路与匝道连接处为平面交叉,影响通行能力和行车安全;次要道路在上层时,可能存在视认性差、错路运行、车辆等待问题
定向形立体交叉	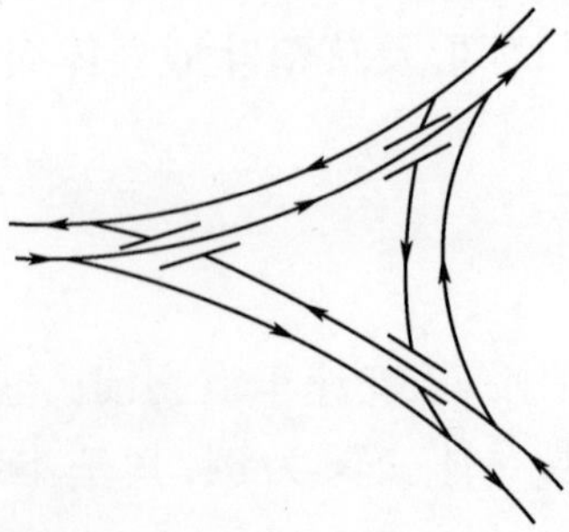	优点:对转弯车辆提供直接、无阻的定向运行,行车速度高,通行能力大;运行流畅,方向明确。 缺点:正线双向行车道之间必须要有足够的距离,以满足匝道纵断面布置要求

续上表

立交形式	示意图	特点
环形立体交叉	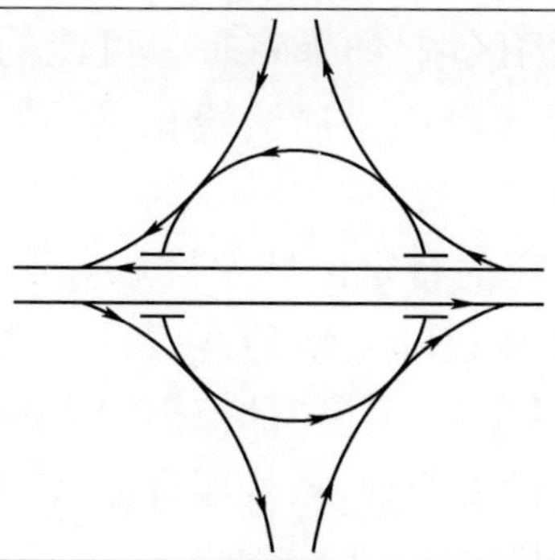	优点:保证主线道路畅通,转弯方向明确;无冲突点,行车较安全,交通组织方便。 缺点:存在交织运行,通行能力受环道交织能力的限制;构造物较多,工程费用高;左转弯车辆绕行距离长
苜蓿叶形立体交叉		优点:交通运行连续而自然,无冲突点;仅需一座跨线构造物,造价低。 缺点:左转弯车辆绕行距离较长,占地较大;环圈式左转匝道线形较差,行车速度低;上、下线左转匝道出入口之间交织运行,限制立交通行能力

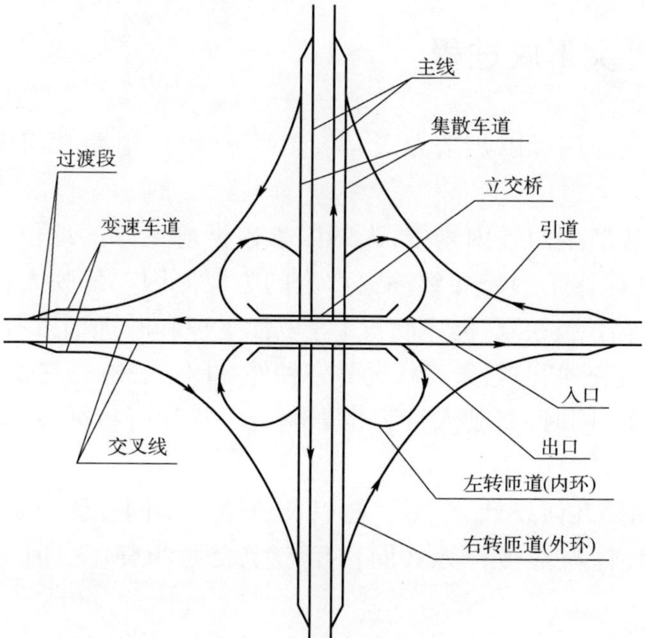

图3-1　完全互通式苜蓿叶形立体交叉组成

在过去的交通冲突技术研究中，首先是计算研究区域的可能冲突点。冲突点是冲突区域内来自各个行驶方向的车辆以一定的角度相互交叉、汇合和分开的地点。在交叉口、出入口匝道、交织区这些冲突点集中的区域，如果将每一可能的车流方向用一个表明方向的流线来表示，冲突点也就是冲突区域内交通流线相接的地方。冲突点的存在是交通冲突发生的根源[13]。

车流的交织、合流、分流，是造成互通立交的特定区域中交通流紊乱、速度一致性变差、冲突和事故多发的主要症结。互通立交匝道和主线的连接处往往设有变速车道或辅助车道，车辆合流、分录、交织行为的发生是在某一特定的范围较大的区域，而非局限于一个车道宽度的冲突点。为了方便互通立交的安全评价，按照合流区、分流区以及交织区作为交通冲突发生区域进行划分。对于不同构造形式的互通立交，它的交织区、合流区、分流区的数量是不同，但可以根据相交道路条数和交织区数目来确定，见公式(3-1)：

$$N_{合} = N_{分} = 2 \cdot S - N_{交织} \tag{3-1}$$

式中：S——互通立交相交道路条数；

$N_{合}$——互通立交具有的合流区数目；

$N_{分}$——互通立交具有的分流区数目；

$N_{交织}$——互通立交具有的交织区数目，根据立交形式确定。

根据上述公式，可以计算整个互通立交的交织区、合流区、分流区的数目，以图 3-1 中的苜蓿叶形互通立交为例，相交道路条数为 4 条，交织区有 4 个，故计算得到的合流区和分流区分别有 4 个。

3.3 交通冲突形成过程

交通冲突产生的原因可以归结为人、车、交通流特性、道路几何设计和道路环境等几方面的共同作用。

在影响交通冲突产生的各因素中，人的因素占据着主导的地位。对于互通立交区域，机动车驾驶人的操作不当是导致冲突产生的主要原因。驾驶人行为特征不仅与自身因素（年龄、性格、情绪、饮酒、健康状况）等多种生理和心理因素有关，还受到道路环境、交通流运行状况、交通管制、天气状况等多种外在因素影响。驾驶人行为是在多种因素共同作用下影响的，同时，驾驶人行为也影响着车辆运行特征，从而不断地改变着交通环境。

交通流特征、道路几何设计、车辆性能以及道路环境同样影响着车辆的运行特征。这些因素相互作用，且与驾驶行为共同作用产生交通冲突。交通冲突产生的过程如图 3-2所示。

如图 3-2 所示，互通立交交通冲突是在多种因素共同作用下产生的，交通冲突可能产生在机动车-机动车和机动车-构造物之间。当车辆正常有序运行，无干扰通过时，就表示车辆正常通过；当车辆需要采取转向或者变速等避险行为才能安全通过时，则表示车辆发生了冲突。对于互通立交交通安全状况而言，任何一个因素作用下，使得交通冲突数与交通冲突强度增加了，就表示交通事故隐患增加，互通立交整体安全性下降。

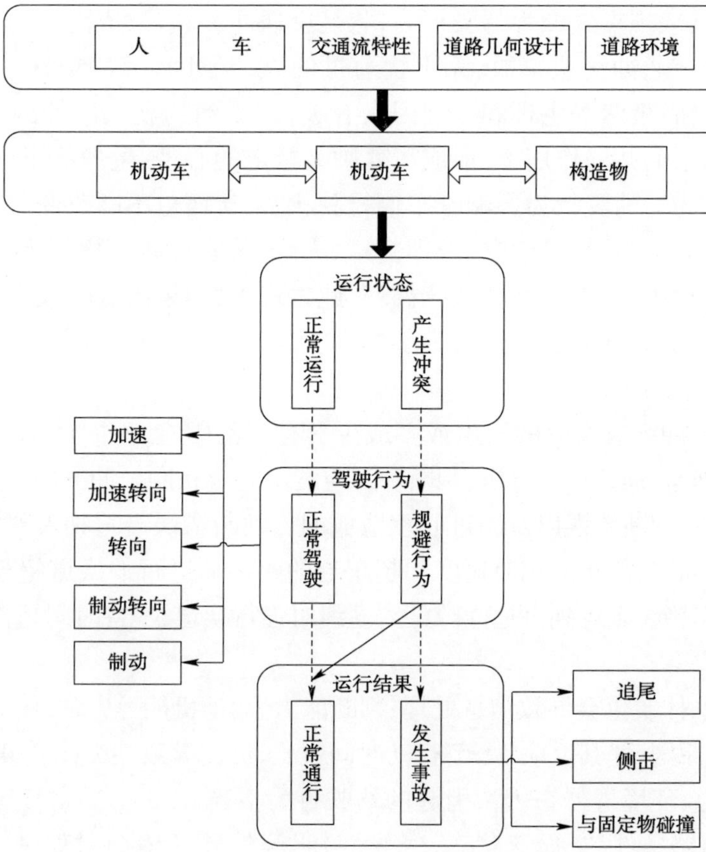

图3-2　互通立交交通冲突形成过程

在人、车、交通流特征、道路几何设计、道路环境以及交通管制各影响因素中，人的因素占据主导地位，其表现形式即为驾驶行为。驾驶行为除了受外界因素影响，更多的是驾驶人自身原因，在相同道路环境下，不同驾驶人表现出的反应和行为也有所差别，这是不可控制因素，有随机性。

交通流特性和道路几何设计对交通冲突产生的影响更具有规律性和可测性。许多研究表明，交通流和道路几何设计与交通冲突数具有一定统计意义上的关系。相同道路下，不同交通流运行状态下，车辆运行速度、车头时距、换道行为等表现也不同，发生交通冲突的概率和冲突的严重程度随之受到影响。道路几何参数选取是由设计速度决定的，道路几何设计影响着车辆运行速度，设计指标的组合是否合理，匝道与主线连接是否协调，在一定程度上也是影响交通冲突形成的因素。

3.4 驾驶行为与交通冲突的关系

在人、车、交通流特征、道路几何设计、道路环境以及交通管制各影响因素中，人的因素占据主导地位，其表现形式即为驾驶行为，它是交通冲突、事故成因中的首要因素。驾驶行为是导致发生交通冲突或事故、无干扰通过的直接原因。驾驶人行为特征不仅与自身年龄、饮酒、性格、情绪等生理和心理因素有关，还受到驾驶人所处的道路交通环境的影响。在多种因素的共同作用下，形成了驾驶人特定的心理、生理状态，并最终形成特定环境下的驾驶行为。驾驶行为影响着车辆行驶状态，从而也不断改变着交通环境。

驾驶过程可以分解为：接受信息、处理信息、决策、采取行动、观察车辆反应等行为阶段。在车辆行驶过程中，这五个步骤持续循环，此过程中，如果因驾驶人自身原因或驾驶人与交通环境的互动出了问题，导致行为不当，就可能引起冲突或者造成事故发生。

(1)驾驶人自身的因素。

大多数情况下，冲突或事故的发生或多或少含有人的因素，不同性别、年龄、性格、体质的驾驶人，其生理、心理、感知、分析、判断和反应均不完全相同。冲突的发生可能是因为驾驶人的疏忽、疲劳、判断错误以及激进心理造成的。判断错误与驾驶人驾驶熟练度和经验有关，例如错误判断与前车的相对速度和超车道的距离而进行的换道超车；激进心理表现，例如匝道汇入车辆在未等到合适间隙汇入主线时强行换道，等待时间越长，越能激发驾驶人进行激进驾驶。

驾驶时的生理、体质也会导致信息处理、判断能力、运动机能等失常，例如驾驶人饮酒、服药、患病、疲劳等原因，使其反应-决策-行动时间过长，进而导致冲突或者事故的发生。

(2)道路、交通、环境等外在因素引起的驾驶行为不当。

车辆所处的道路条件、交通流状态、气候、照明等外界环境会对驾驶人的驾驶行为造成影响，不利的外界环境导致驾驶行为不当，从而导致冲突或事故的发生。比如匝道出口预告标志信息过载，导致驾驶人处理时间过长；团雾天气造成驾驶人前视距离不足；夜间行驶造成视线不良；道路线形或者阻碍物造成视距不良等，这些会造成驾驶人对道路期望状态的判断与实际情况存在偏差，从而判断过迟或者判断错误，进行导致冲突或者事故的发生。

(3)驾驶行为与外在因素的相互作用引发的驾驶行为不当。

驾驶人对车辆所处道路交通环境的判断所做出的驾驶行为会对局部交通流造成影响，外界环境发生的变化同样也会影响驾驶行为。在这样一个相互影响的过程中，驾驶人接收到的信息变得更加复杂。研究表明，在道路系统信息不是过于复杂或变化太快时，驾驶人一般可以保持正常的驾驶行为，并保持车辆的平衡。相反，当道路交通系统的信息超出了驾驶人处理能力的时候，就会导致驾驶行为的偏差与过失，轻则会导致冲突产生，在严重的情况下就会导致事故的发生[16]。

3.5　交通流特性与交通冲突的关系

交通流特性不同，所引起的交通冲突特征也不同。在影响驾驶人行车的诸多交通流特性因素中，交通量对冲突的影响最为重要。随着交通量的增大，车头时距缩小，车辆的交织、合流、分流行为更受约束，干扰了交通流的正常运行，道路安全性降低。

交通冲突不仅与交通量相关，也与交通流量比以及交通组成等因素有关。交通流量比和交通量共同影响着区域内车辆换道次数，换道次数越多，造成侧击冲突的可能性越大。交通组成影响着交通流中总体车辆运行性能，不同车型的车身长度、重量、制动性能以及最大起动加速度等方面存在差异。大型客货车进行换道时需要更大的车头时距和空间，大型车比例越高，对交通流的干扰程度越大，行车的安全性降低。由于车辆间的动力性能差异，大车与小车的车速差别较大，大车混入率对区域内车速离散性有较大影响，从而影响着区域安全性和交通冲突。

本节分别对交织区、合流区以及分流区的交通流特性与冲突的关系进行分析。

3.5.1　交织区

(1)交通量。

交织区交通量的增加，造成交织区内道路更加拥挤，平均车头时距缩小，匝道汇入车辆以及主线驶入匝道车辆都在寻找着合适的间隙进行换道。车辆交织的过程中，两股车流中的车辆都在相互协调，车头时距缩小，车流更难寻找合适时机进行交织变道，交通冲突率增大，道路安全性降低。根据研究得到交织区交通量与冲突数的关系，如图3-3所示，交织区的冲突数随着交织区的交通量增加而呈现增长趋势。

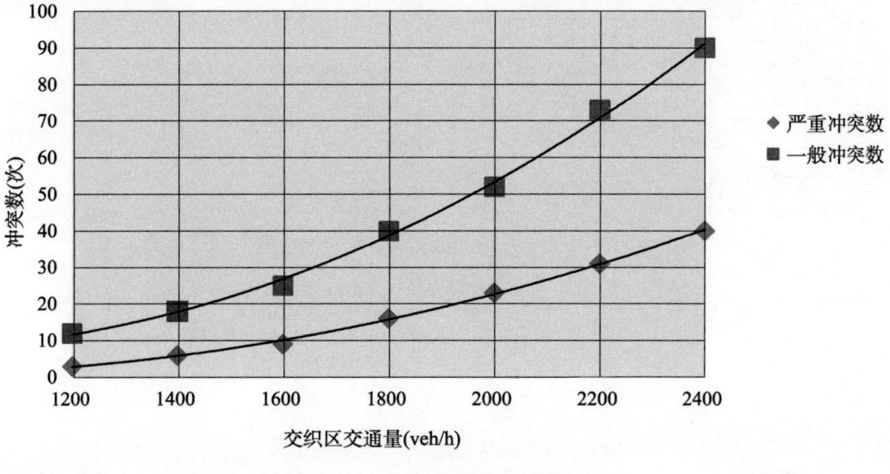

图3-3　交织区交通量与冲突数的关系

(2)交织流量比。

交织流量比为交织区内交织车辆与总流量之比，即主线驶入匝道与匝道驶入主线流量之和与总流量的比值。交织流量比增大,意味着参与交织行为的车辆数增多,车辆变换车道的次数也随之增多,交通流紊乱程度增强,冲突数也增多。交织区交织流量比与冲突的关系如图 3-4 所示。

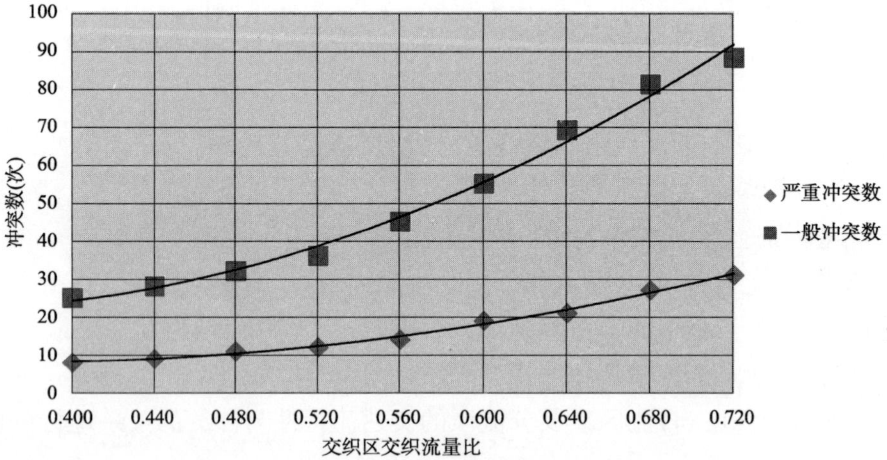

图 3-4　交织区交织流量比与冲突数的关系

(3)车辆组成。

车辆组成采用大车混入率表征交通流中各车型比例的差异。大型车在交织过程中,需要更多的空间和时间来进行变道,在与小型车的协调中,两车速度离散性更大。大车混入率越大,区域速度离散性越大,冲突率越大。交织区大车混入率与冲突的关系如图 3-5 所示。

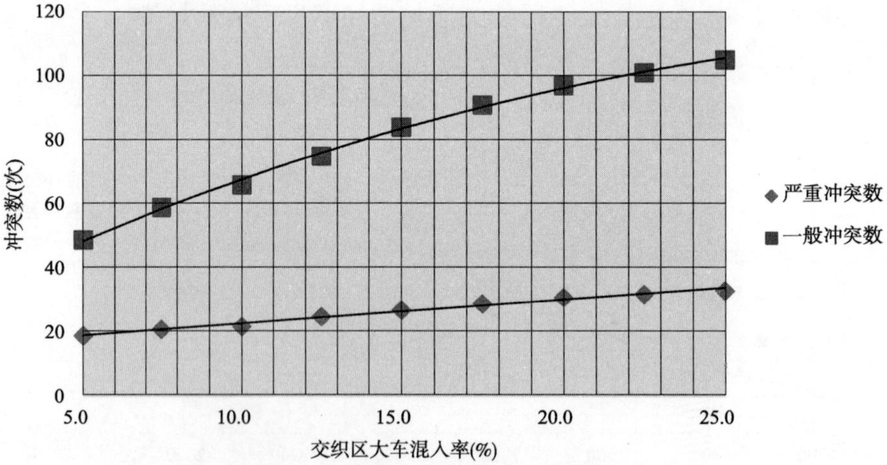

图 3-5　交织区大车混入率与冲突数的关系

3.5.2　合流区

(1)交通量。

匝道车辆汇入主线时，需要在加速过程中寻找合适的车头间隙，变换车道到主线外侧车道。合流区交通量的大小影响着主线车道上的车头时距分布，交通量越大，车流中的平均车头时距越小，合流车辆更难进行变道行为，合流区安全性减低，冲突率增加。合流区内交通量与冲突数的关系如图 3-6 所示。

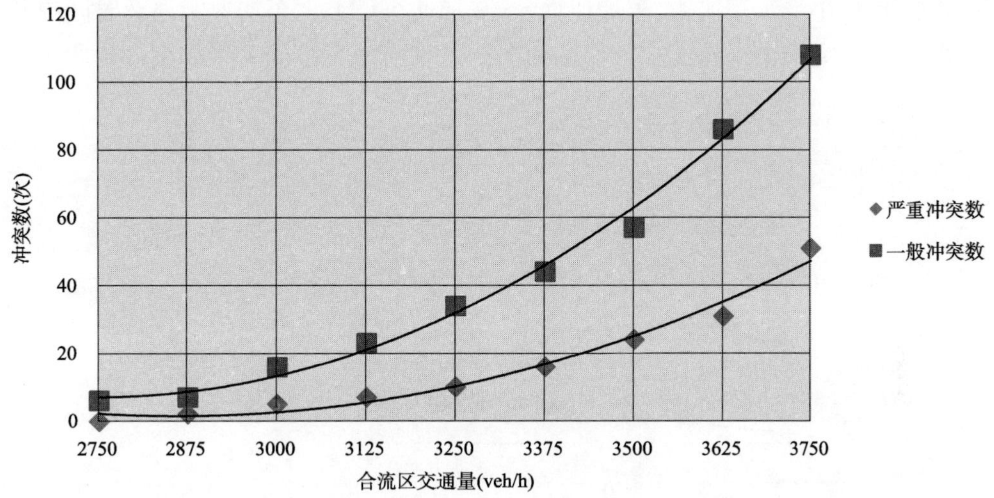

图 3-6　合流区交通量与冲突数的关系

(2)合流比。

合流比是指匝道汇入主线车流量占总交通量的比例。合流比和交通量共同影响着合流车辆数，从而影响着车辆变换车道次数，变换车道次数越多，冲突产生的可能性越大。合流区合流比与冲突数的关系如图 3-7 所示。

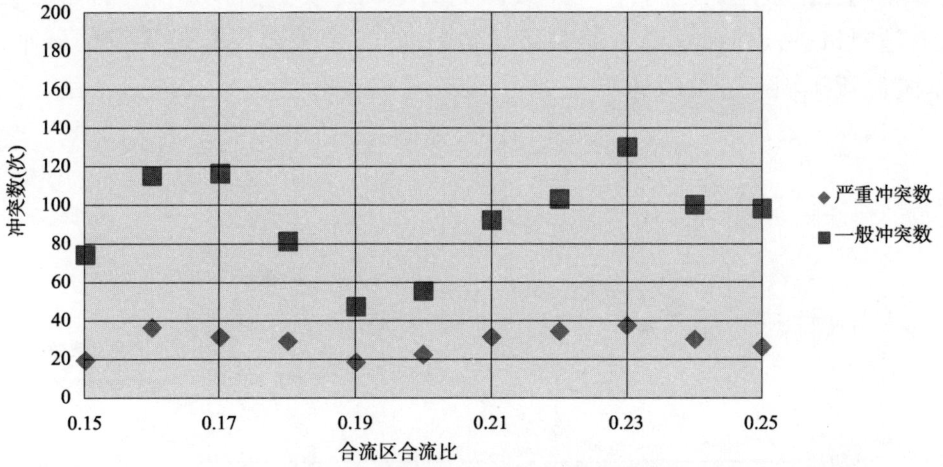

图 3-7　合流区合流比与冲突数的关系

由图 3-7 可得，随着合流比增加，冲突数呈现双峰状变化趋势，冲突数与合流比相关性不明显，呈现这些分布形态在于单纯考虑合流比的变化，合流区总交通量不变的情况下,主线交通量也随之减少,位于主线外侧道的交通量减少,平均车头时距增大,而匝道交通量增加,冲突数与合流比的相关性并不明显。

(3)交通组成。

用大车混入率表征交通流中各车型比例差异。匝道汇入主线车流中,大车需要更多的车头间隙,且与小汽车相比,大车加速性差,在加速车道上大车加速距离及时间更长。大车混入率越大,冲突产生率越大。合流区大车混入率与冲突数的关系如图 3-8 所示。

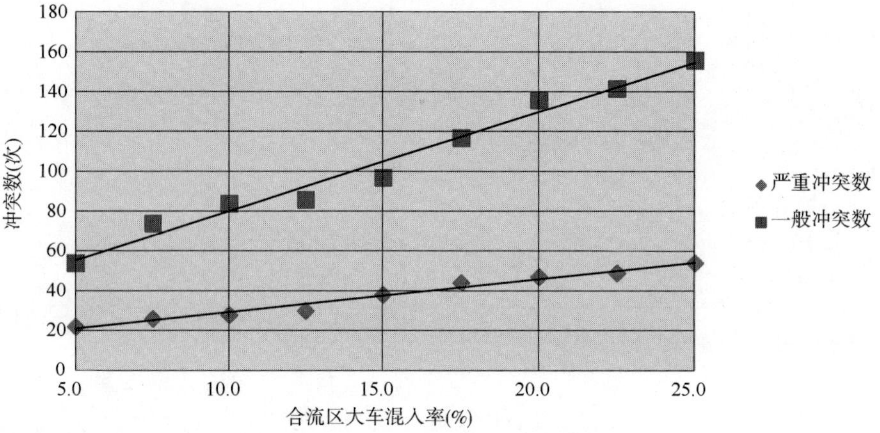

图 3-8　合流区大车混入率与冲突数的关系

3.5.3　分流区

(1)交通量。

主线车辆在汇入匝道之前,位于主线内侧的车辆需要提前换道至主线最外侧车道,在寻找合适时机驶入减速车道。随着交通量的增长,导致合流鼻端上游区域平均车头时距减小,分流车辆换道至减速车道更为困难,且换道行为造成交通流紊乱,交通安全性减低,交通冲突数增加。分流区交通与冲突数的关系如图 3-9 所示。

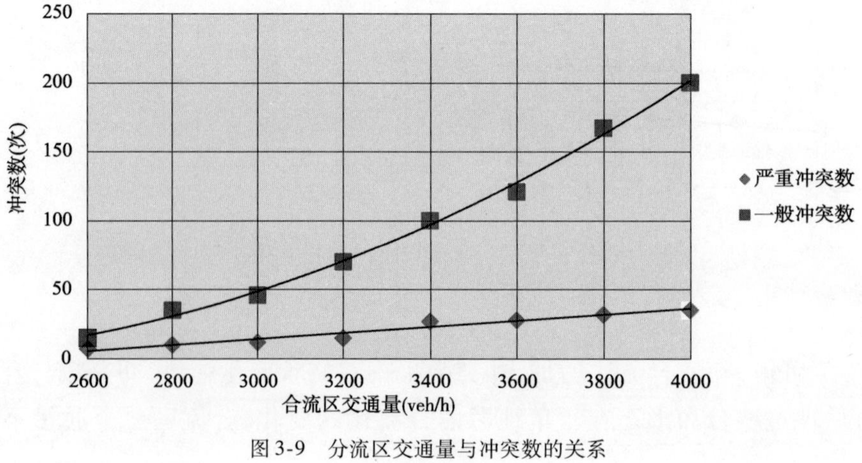

图 3-9　分流区交通量与冲突数的关系

(2)分流比。

分流比是指主线汇入匝道车流量占总交通量的比例。分流比和交通量共同影响着分流车辆数,从而影响着车辆变换车道次数,变换车道次数越多,冲突产生的可能性越大。分流区分流比与冲突数的关系如图3-10所示。

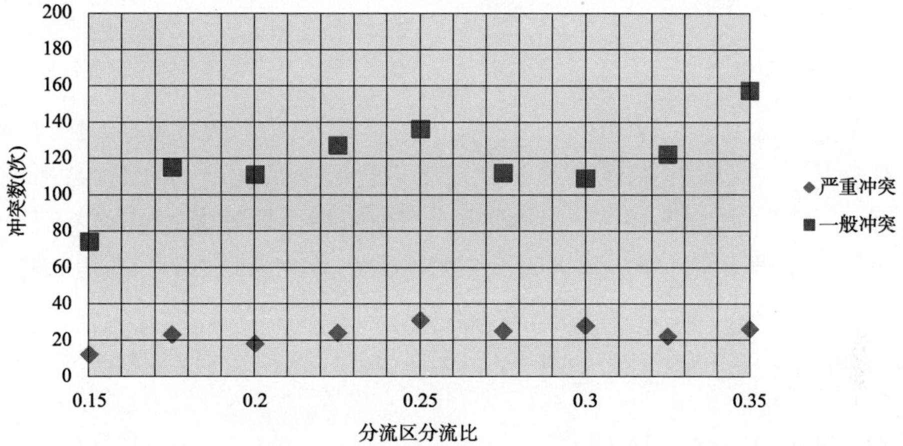

图3-10　分流区分流比与冲突数的关系

(3)交通组成。

用大车混入率表征交通流中各车型比例差异。主线汇入匝道车流中,大车需要更多的车头间隙,由于大小车减速性能差异,随着大车混入率越大,大小车速度差异性越大,冲突产生率越大。分流区大车混入率与冲突数的关系如图3-11所示。

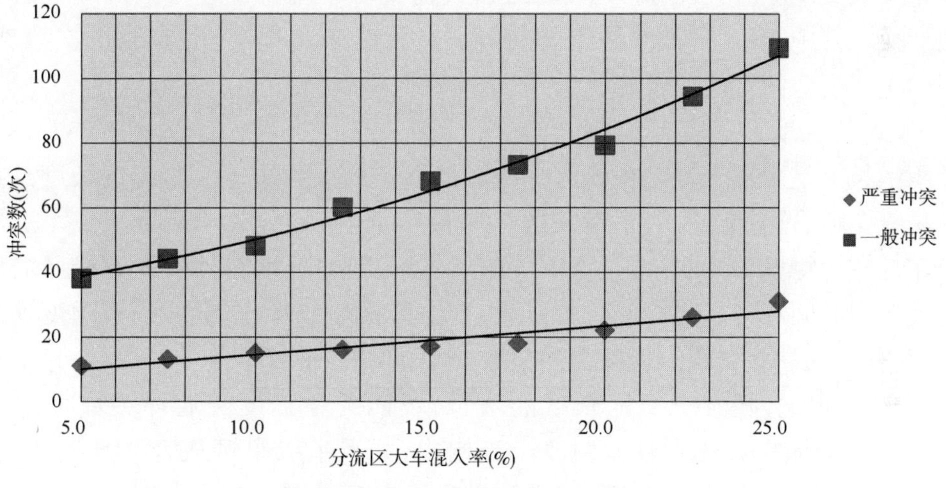

图3-11　分流区大车混入率与冲突数的关系

3.6　几何设计与交通冲突的关系

道路几何设计与道路安全的关系非常复杂,几何设计影响着驾驶行为、车辆行驶速度、行驶轨迹、视距等,因而影响着道路交通安全。某段道路成为事故多发点,通常就意味着该处道路设计存在不合理的地方。互通立交交通冲突的多发点主要集中于匝道与主线的连接部,即交织区、分流区和合流区。匝道连接形式不同,车辆进行分流、合流的形式不同。本节主要分析互通立交分流区、合流区以及交织区几何设计与交通冲突的关系。

3.6.1 交织区

在《道路通行能力手册(2010)》中,对交织的定义为:行驶方向相同的两股或者多股车流,沿着相当长的路段,不借助交通控制设施进行的交叉。当一合流区后面紧接着一分流区或者一分流区后面紧接着一合流区;或当一条驶入匝道紧接着一条驶出匝道,并在两者之间有辅助车道连接时,就构成了交织区。在高速公路互通立交中,常见的全苜蓿叶形立交、半苜蓿叶形立交和环形立交中,就存在着典型的交织区。

对于互通立交交织区的几何特征描述,主要有3个几何参数:交织区构造形式、交织区长度、交织区宽度。

(1)交织区构造形式。

交织区构造形式由交织车辆在通过交织区段时所必须进行的最少车道变换数来区分。《道路通行能力手册(2010)》中根据最少车道变换数将交织区划分为A型、B型、C型三种。A型交织区需要每辆交织车辆为完成运行进行最少一次车道变换;B型交织区中一股交织车辆无须进行任何车道变换,其他交织车流需要最多一次车道变换;C型交织区中一股交织车流无须进行车道变换,其他交织车流需要进行两次或者两次以上的车道变换。其中,最为常见的是A型交织区。交织车流进行车道变换的次数越多,对交织区内车流造成的紊乱程度越严重,发生冲突概率越大。

(2)交织区长度。

交织区长度是影响交织区车流运行特征最重要的参数之一。交织区长度是指汇合三角区主线车道右边缘至入口车道左边缘0.6m的位置到分离三角区主线车道右边缘至出口车道左边缘3.7m的位置之间的距离。交织区的长度对驾驶人完成所需的全部车道变换所用时间和空间起着制约的作用,交织区长度越短,车辆实行车道变换的密度越大、骚乱程度越高。交织区长度与冲突数的关系如图3-12所示。

由图3-12可见,随着交织区长度的增长,不同严重程度交通冲突数呈现下降趋势。交织区交通流由合流和分流两股车流构成,驶入主线车辆从合流鼻端开始,总在寻找合适时机汇入主线外侧车道,同样驶出主线车辆也在寻找合适时机换道至交织区辅助车道,两股车流形成交织。交织区长度过短,交织车辆将汇集在分流鼻端前,出现排队或者强行变道现象,冲突率增高;交织区长度增加,车辆在行驶过程中有更多时间和空间进行换道,交通冲突率减小;当交织区增加到一定长度,交通流分别表现为合流和分流两种,交通冲突率趋于稳定。

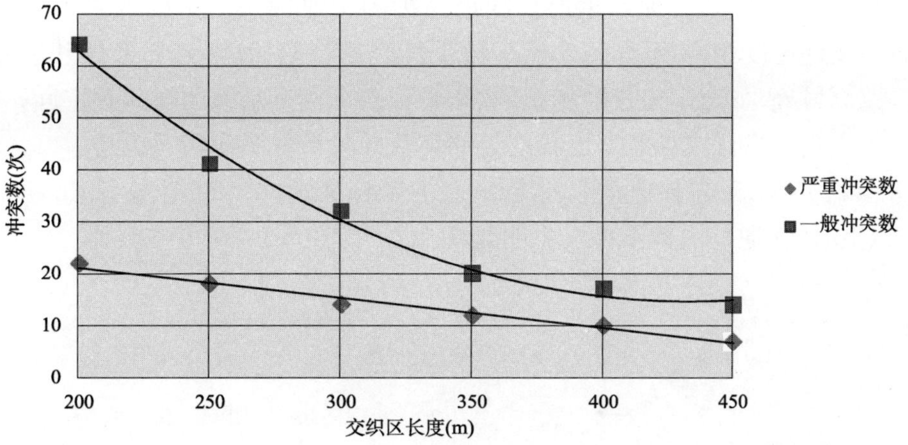

图 3-12　交织区长度与冲突数的关系

(3)交织区宽度。

交织区宽度由交织区段的车道数来量度。它不仅仅由影响交织运行的车道总数目来量度,而且还由交织车辆和非交织车辆所使用这些车道的百分率来量度。交织构造形式决定了交织车道数,交织和非交织车辆使用车道的比例不仅由相对的交通量确定,而且还由交织区构造形式共同来确定。不同构型的交织区可以通过增加辅助车道和匝道数来给予交织车辆更多的交织区宽度,交织空间增大,在一定程度上,需要换道的车辆有更多机会寻找合适的车头间隙进行换道,冲突数减小。

3.6.2　合流区

高速公路合流区中,匝道车辆总是在寻找临近加速车道的主线上的交通流中有可用的间隙汇入。匝道车辆运行速度低于主线车辆的运行速度,为了能够安全地汇入主线且不对主线交通流造成很大的影响,汇入车辆需要在加速车道上加速,同时寻找着临近车道上前后车有足够的车头时距。因此,受到合流车辆影响最大的是主线最右侧的车道。右侧车道上的车辆在进入合流区域时,为了避免与合流车辆发生冲突,会提前减速或者变道进入更内侧车道;合流之后的车辆往往趋向于变换车道到行车速度更快的中间车道或者内侧车道,实际上对内侧车道的交通流造成影响。

加速车道的形式对交通冲突有一定影响。合流区加速车道的形式有两种:直接式和平行式。直接式出入口有出入线路顺畅、驾驶操作单一方便的优点;平行式有着渐变段突变明显、减少不及时出入主线的优点。我国的设计中,一般单车道采用平行式加速车道,双车道采用直接式加速车道。采用直接式加速车道,合流车辆等待汇入主线的空间有限,不如平行式加速车道有较长的行驶空间等待足够间隙汇入主线车道,因此车辆变道空间较为集中,交通冲突的分布也较为集中。但是平行式加速车道有合适的汇入时机,且汇入车辆速度与主线车辆运行速度较为一致,因此发生的冲突严重程度较低。

对于平行式加速车道,加速车道长度也是影响交通冲突的重要因素。在主线设计速度与匝道设计速度相差较大时,合流车辆是否有足够的加速距离,来提升速度与主线速度相一致。另外,加速车道长度越长,意味着合流车辆有足够的时间和空间,寻找合适的机会汇入主线。平行式加速车道长度与冲突数的关系如图 3-13 所示。

由图 3-13 可见,随着加速车道长度增长,合流区交通冲突数减小。当加速车道增长到 325m 以上时,交通冲突数不再发生明显变化。

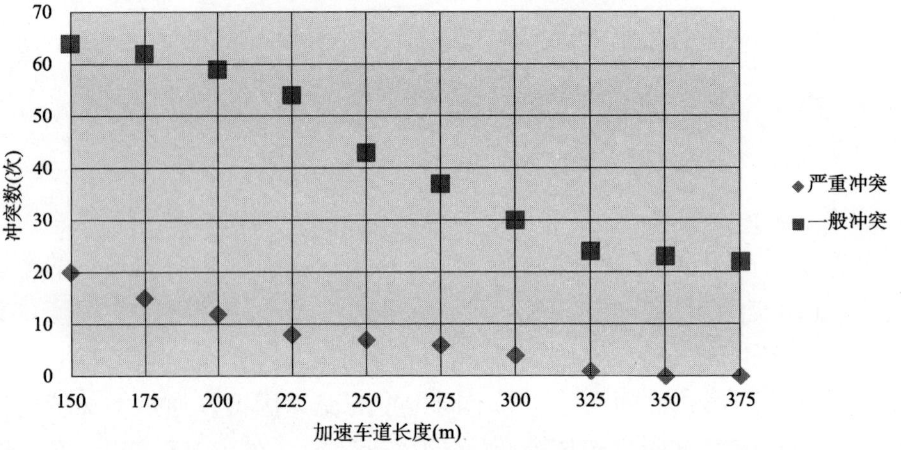

图 3-13　不同加速车道长度下的冲突数

3.6.3　分流区

高速公路分流区中,分流车辆总是在寻找变换车道至主线外侧车道或者减速车道上。匝道车辆运行速度低于主线车辆的运行速度,为了能够安全地进入匝道,分流车辆需要在减速车道上减速,保持与前车一定的车头时距。行驶于主线内侧的车辆要进行分流,需要在分流鼻端之前一定距离,寻找机会提前进行变道。分流区常见的事故形式是分流车辆未及时变换车道至外侧车道,在分流鼻端处进行强行变道或者倒车现象导致的事故。

减速车道的形式对交通冲突有一定影响。减速车道的形式有两种:直接式和平行式。我国的设计中,一般减速车道常采用直接式。分流车辆在原有的车道上,右转驶入减速车道。

对于直接式减速车道,减速车道长度是影响交通冲突的重要因素。在主线设计速度与匝道设计速度相差较大时,分流车辆是否有足够的减速距离,来降低速度与匝道速度相匹配。另外,减速车道长度越长,意味着分流车辆有足够的行驶距离来降低车速,避免与匝道车辆发生追尾冲突或追尾事故。直接式减速车道长度与冲突数的关系如图 3-14 所示。

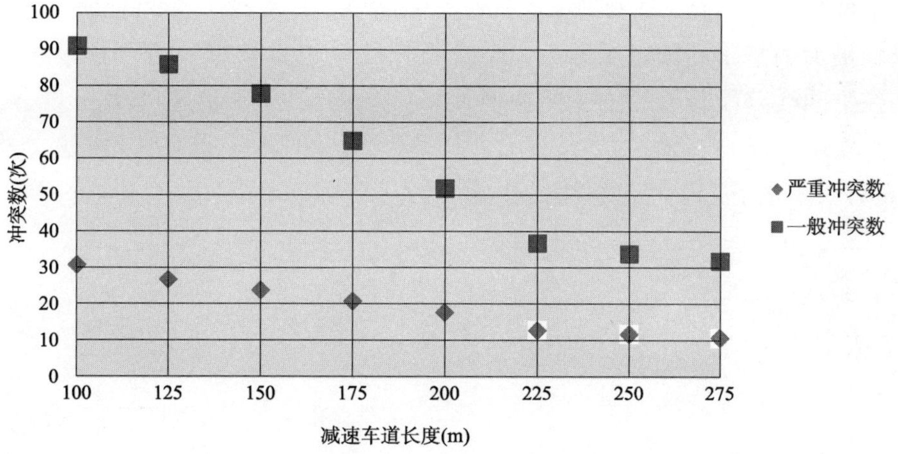

图 3-14 不同减速车道长度下分流区的冲突数

由图 3-14 可得，随着减速车道长度的增长，分流区交通冲突数呈现减小趋势，当减速车道长度大于 225m 时，交通冲突减小趋势变缓。

3.7 其他因素与交通冲突的关系

交通冲突是多种因素共同作用下发生的交通现象，除了驾驶行为、道路几何设计、交通流特性这三个影响因素外，车辆性能、气候条件等同样也影响着交通冲突的形成。

(1)车辆技术性能。

车辆的技术性能直接影响着道路交通安全。从冲突避险行为来看，大部分的避险行为采用转向、减速制动的方式，而冲突的产生往往是在较短时间内，这就需要车辆具有良好的制动性能，以保证驾驶人在避免冲突过程中操纵车辆的安全性和舒适性[17]。

在车辆各技术性能中，车辆的制动性能对冲突的影响最大。车辆的制动性能是指车辆行驶时在短距离内停车且维持行驶方向稳定和在长下坡能维持一定车速的能力，以及车辆在一定坡道上能长时间停住不动的驻车能力。在交通发生异常过程中，如果车辆不能及时降低车速，将行驶车速降低到安全水平，交通冲突将可能演化成严重冲突甚至事故。

(2)道路环境。

道路环境主要包括气候条件和道路自身条件两个方面。气候条件是影响道路交通安全最重要的因素之一，气候因素对交通冲突的影响主要体现在对路面条件、能见度、驾驶人心理和生理的影响。常见的灾害天气，如雨、雾、雪和冰冻等，会降低路面摩擦系数和能见度，也会使驾驶人产生不舒服的感觉和情绪低落等，这些都影响驾驶人的正常驾驶，稍有不慎，就会导致不必要的交通冲突，严重情况下还会发生事故。

道路条件主要是指路面的摩擦系数、路面强度、稳定度、平整度和路面灾害等，其中对安全影响最大的是路面的摩擦系数。摩擦系数的大小直接影响着车辆紧急制动需要的距离和在平曲线路段行驶时的侧向稳定性，进而导致冲突发生时车辆不能正常避险，影响了行车安全。此外，路面的平整度会影响车辆行驶时的平顺性、方向稳定性等操纵性能，从而对安全水平产生一定程度的影响。

第 4 章　交通数据采集方法

获取全面反映真实运行情况的、足够样本的高质量数据，是分析互通立交交通流运行特征以及交通冲突特性的前提。

交通调查的数据分为交通流数据和交通冲突数据两种，交通流数据包括交通量、交通组成、交通流量比、车速、车头时距、区间旅行时间等；交通冲突数据包括分类型、分严重性的冲突数、距碰撞时间 TTC 等。

4.1　引言

应用交通冲突技术进行有效的交通安全分析，依赖于实际交通冲突数据的测量。交通冲突的实测数据是交通冲突形成机理研究、应用交通冲突技术安全评价、实施道路安全诊断的基础工作之一。获取特定道路的交通冲突数据需要进行交通冲突调查。

交通冲突调查是一种用客观的手段，测定在某种交通流运行状况下特定道路上发生的交通冲突数据，并通过实测数据分析和评价实际道路交通安全状况。交通冲突调查是一项复杂的工作，它不同于常规的交通调查，不仅需要获取调查时的交通流数据，更为重要的是交通冲突现象的捕捉、冲突类型以及相关冲突车辆的参数。所以，交通冲突调查比一般的交通调查困难且复杂。

本章主要介绍利用航拍录像法进行高速公路互通立交交通冲突调查的方法及流程，包括调查内容、调查实施流程以及后期数据处理方法。

4.2　调查内容

(1)调查目的。

对高速公路互通立交交通流和交通冲突数据的采集，是进行互通立交的交通流特性分析、冲突严重性划分、互通立交安全等级评价的数据来源。采集数据的方法以及数据处理的精确性，影响着后续研究的充分性、准确性。

研究不同道路条件和交通运行状态下互通立交交通冲突的变化趋势，需要大量的数据进行分析，只限于现场调查的数据远远不足以满足研究要求，需要借助 VISSIM 仿真手段补充数据。利用交通仿真软件，需要以实际调查的交通流及冲突数据对软件仿真参数进行标定，故数据采集也是交通仿真建模的基础。

开展交通调查工作的目的可以归纳为以下几点：

①用于分析调查区域的交通流特性，包括交通量时空分布特征、不同断面上车速分布特征、车头时距分布特征、交通组成等；

②用于分析调查区域中各类型交通冲突的空间分布、不同严重程度的冲突指标范围界定；

③用于 VISSIM 仿真模型驾驶行为参数标定及有效性验证；

④用于调查区域交通安全等级评价及改善措施及策略的制订。

(2)调查内容。

在高速公路互通立交的研究中，往往将互通立交划分为交织区、合流区以及分流区分别进行研究，主要是因为交织区、合流区和分流区交通流运行规律以及交通组织和管制方式有较大差异。笼统地将互通立交作为研究主体，对其进行交通安全评价及安全机理性分析是缺乏理论依据和可操作性的。根据调查目的，可以基本将调查内容分为三种。

①道路几何参数：包括变速车道长度、交织区长度、车道数和车道宽度、标志标线设计等，可通过有关部门收集道路平纵横的 CAD 设计和交通安全设施布置资料。

②交通流数据：包括分车型分断面车速、分车型交通量、交织比、合流比、分流比、车头时距等数据。

③交通冲突数据：包括分类型的冲突数，两辆发生交通冲突车辆的车型、车速以及距碰撞时间 TTC 等。

(3)车型分类。

高速公路上运行的车辆种类繁多，且运动性能差别大。为了方便汇总不同车型交通量，通常将调查车型进行分类，将交通流运行特征相似的车辆归为一类。基于以上考虑，并参照《公路交通情况调查机动车车型分类》的划分标准，将车型分为 3 类：小型车、中型车和大型车，具体见表 4-1。

调查车型分类　表 4-1

一级分类	二级分类	额定荷载参数	轮廓及轴数特征参数
小型车	小客车	额定座位≤7 座	车长＜6m，2 轴
	小型货车	载质量≤2t	
中型车	大中型客车	额定作为＞7 座	6m≤车长≤12m，2 轴
	中型货车	2t＜载质量≤7t	
大型车	大型货车	7t＜载质量≤20t	6m≤车长≤12m，3 轴或 4 轴
	特大型货车	载质量＞20t	车长＞12m 或 4 轴以上；且车高＜3.8m 或车高＞4.2m
	集装箱车		车长＞12m 或 4 轴以上；且 3.8m≤车高≤4.2m

4.3　调查实施流程

交通冲突和交通流数据的采集及处理是一个相当复杂、耗时耗力的工作，而且调查样本量以及数据处理的精确性会影响到后期研究工作的开展。本节根据课题研究的调查经验，给出一种适合于高速公路互通立交交通调查的方法和实施流程，以及利用录像处理技术获取数据的处理方法。

4.3.1　调查地点及范围

(1)调查地点。

调查地点的选取一般从以下几个方面进行考虑：

①事故多发点，或者高速公路管理者以及驾驶人反映的安全问题较为突出的互通立交；

②适中、均衡的交通量，交通量过大造成道路拥堵，或者交通量过少导致观测到的冲突样本量很少；

③存在供无人机起落以及调查人员立足的空地；

④根据实际交通管理和安全分析等工作需要的互通立交。

(2)调查范围。

研究对象是高速公路互通立交，互通立交交织区、合流区和分流区是交通冲突发生较集中的区域。基本路段及匝道冲突率较少，而且冲突位置不固定，故尚不纳入研究范围内考虑。对于交织区、合流区以及分流区的调查范围，主要考虑交通流的影响范围以及交通冲突的分布范围。

根据《道路通行能力手册(2010)》[18]在第10章给出的交织、合流和分流区域的影响区域：交织区影响区域是在合流鼻端上游500ft(152.4m)和分流鼻端下游500ft(152.4m)的范围；合流区影响区域是指合流鼻端开始到下游1500ft(457.2m)的范围；分流区影响区域是指上游1500ft(457.2m)到分流鼻端的范围。此影响范围作为调查范围存在一定的问题：合流区上游区域和分流区下游区域未考虑在内，这两个子路段同样存在着交通冲突的现象。

根据《交通工程学》[19]对高速公路基本路段的定义，认为合流区的影响区为驶入匝道-主线连接处上游150m至下游760m内的范围；分流区为驶出匝道-主线连接处的上游760m至下游150m内的范围；交织区的影响区为汇合点上游150m至分离点下游150m的范围，对于汇合点和分离点间距大于1500m时，认为是独立的两个分流区和合流区。

根据课题研究中调查观测到的冲突分布，分流鼻端下游100m以内以及合流鼻端上游100m以内有较大概率发生交通冲突。另外，航拍录像范围受到高度和拍摄车辆的清晰度的限制，无人机飞行越高，调查范围越大，但是起落时间较长，从而缩短无人机稳定时的有效时间；同时，无人机飞行越高，拍摄到道路车辆清晰度越低，会严重影响到视频处理获取数据的准确性。

综上所述,确定交织区、分流区、合流区的调查范围为:合流区调查范围为合流鼻端上游100m到下游450m的区域;分流区调查范围为分流鼻端上游450m到下游100m的区域;交织区的调查范围为合流鼻端上游100m到分流鼻端下游100m,当合流鼻端与分流鼻端之间大于1500m时,则作为独立的分流区和合流区进行调查。

4.3.2 调查方法

常见的交通冲突调查方法有两种:录像调查法和人工调查法。早期交通冲突的研究大多采用人工观测的方法,人工调查的难度很大,为了保证冲突调查的精度,现场观测人员需要通过严格的训练。在进行现场调查时,调查员应具备冲突预判能力和冲突判别能力,同时将观测数据迅速记录在调查表格中,而后继续观测其他车辆。

目前交通冲突研究领域,大多采用录像法观测实测数据。相比于人工调查法,录像调查法用摄像机记录下车辆运行状况,后期可以反复观看道路交通流的运行状况,也可以定格和慢放,仔细观察冲突发生的过程,可供多人在同一条件下观测同一事件,并进行讨论分析,以确定冲突事件的发生、成因、严重程度及类型等。

另外,通过专业的图像处理软件对录像视频进行处理,测量出车辆发生冲突瞬间的距离、速度、加减速等运行参数。无人机航拍技术的应用,也解决了传统录像调查法受场地和拍摄范围的限制的问题。

根据调查对象的特点,调查采用航空录像法,利用四轴无人机进行航空拍摄,获取整个调查区域内的车辆运行状况录像,后期利用视频处理软件进行数据处理。以课题研究的马群立交航拍视频为例,交织区和分合流区航拍照片如图4-1和图4-2所示。

图4-1 马群枢纽交织区航拍图

图 4-2　马群枢纽分合流区航拍图

4.3.3　预调查

调查地点确定后，对调查对象进行现场考察和预调查。预调查的目的是根据研究需要样本量确定调查时间。调查时间过短，造成样本不足；调查时间过长，则浪费人工和成本。

考虑到航拍调查方式在调查时间上的局限性以及经济因素，以最小的代价获取足够的样本即可满足研究要求。为获取调查样本速度与交通冲突 TTC 值的标准差，从而计算所需最小样本数，并为正式调查开展过程中可能出现的各种问题提前做准备，在正式调查之前开展了预调查，包括 4 个起落次、累计 60min 的航拍调查与雷达测速仪调查。

(1)断面车速的最小样本量。

地点车速分析是研究互通立交交通流运行规律的基础，也是确定功能区范围的基本方法。由于车流中的速度具有一定的离散性，获取足够的样本量才能保证数据分析的精确度。本文从车速离散型角度来对调查的交通量进行估算，估算公式如下：

$$n \geqslant \left(\frac{SK}{E}\right)^2 \tag{4-1}$$

式中：n——最小样本量；

S——样本标准差，互通立交功能区车速离散性较大，预取 10 ~ 30km/h；

K——常数，当置信度为 95%(90%)时，取 $K = 1.96(1.645)$；

E——容许误差值，假设速度容许的误差为 2 ~ 5km/h。

(2)TTC 最小样本量。

交通冲突时间 TTC 的分析是为了界定不同严重程度下 TTC 阈值范围，不同车型、不同行驶轨迹下，两车交通冲突时间也有所不同。TTC 阈值分析原理也是基于大量数据的统计分析得出的，故计算的 TTC 值需要满足统计学所需样本量。

根据误差理论，TTC 最小样本量计算公式按照公式(4-1)，变量含义如下：

S——样本标准差，根据预调查取值为 0.8s；

K——常数，当置信度为 90% 时，取 $K=1.645$；

E——容许误差值，高速公路互通立交冲突值范围较大，允许误差也相应提高，在此取 0.2s。

以课题研究的马群枢纽为例，预调查获取航拍视频，经数据处理得出：各区（交织区、合流区、分流区）运行车辆速度标准差约为 15km/h；各类交通冲突类型的 TTC 标准差均在 0.8s 以下。车辆速度最小样本量计算取置信度为 90%，标准差为 15km/h，容许误差值为 3km/h。按照公式(4-1)计算得到的最小样本量为 68。对实测数据进行筛选，最后保证每种车型样本量达到 70 个。预处理计算得到的 TTC 样本的标准差接近于 0.8，因此 S 取 0.8s 进行计算，置信水平取 90%，允许误差为 0.2，按照公式计算得到的最小样本量为 44。按照研究要求，保证获取的严重冲突和一般冲突的侧击和追尾冲突数都大于 44。

4.3.4 调查时间

严重性冲突率较低，所以调查时间需满足严重性冲突满足最小样本量，以预调查的各冲突类型最低观测冲突率来确定调查时间。计算公式如下：

$$T=\frac{N}{Q\times\rho} \tag{4-2}$$

以马群枢纽的为例，根据调查地点马群立交交通量历史数据，其交通量平均约为 2300pcu/h，预调查得到最低冲突率为 0.48%，故所需调查最小时长为：

$$\frac{44}{(2300\times0.48\%)}=3.99\text{h}$$

故马群枢纽调查最小时长为 4h。

4.4 数据处理方法

数据处理主要是对航拍视频的后期处理，数据包括两个方面：交通流数据和交通冲突数据。交通流数据主要包括各进出口交通量、交通组成、断面地点车速、车头时距、区间行驶时间等；交通冲突数据包括交通冲突判定和严重性划分、距碰撞时间 TTC（time to collision）等。

进出口交通量及交通组成数据主要通过人工观察视频的方法获取数据，观测者按照车型分类将各进出口交通量记录在表格中，以此可以统计得到总交通量、交通流量比以及各车型所占比例。下面主要介绍交通冲突判定和严重性划分方法和流程、TTC 的计算方法以及软件获取交通流其他参数的方法。

(1)交通冲突判定和严重性划分流程。

交通冲突判定是指观测者仔细、反复地观看视频,筛选出可能发生交通冲突的“候选对象”,并根据车辆运动轨迹判断冲突类型。根据交通冲突的定义,当两辆车互相靠近,车辆为了避免发生碰撞采取转向和紧急制动等避险行为时,即初步认为两车发生了交通冲突。对于高速公路互通立交,道路线形顺畅,一般情况下两车发生冲突的夹角不大,根据冲突角度将交通冲突划分为追尾冲突和侧击冲突。观测者可以将视频片段剪辑或者记录冲突发生位置和视频时间,以便后续工作开展。

严重性划分是通过观测员主观感受进行的初步判断。结合国内外研究经验,当车辆出现紧急制动、减速或者大幅度转向时,为严重冲突;当制动、减速、转向幅度较为平缓时,为非严重冲突。

成立由多名观测者组成的交通冲突严重程度判定小组。判定小组逐一观察预先处理的交通冲突视频片段,并初步判定冲突严重程度,分为严重冲突和一般冲突两种。对于某些冲突严重程度意见不统一的片段,进行重复观察,并且通过讨论,直到所有成员或绝大多数成员的观点达到一致。成员认为不发生冲突或者 TTC 值异常点的片段,予以剔除,并且保证样本数满足要求。

(2)距碰撞时间 TTC 计算方法。

①追尾冲突。对于追尾冲突,首先建立坐标系,利用 Tracker 对前车进行冲突全过程追踪,然后回到冲突过程起始点,改以前车作为相对坐标系再进行全过程追踪,于是得到相对距离-时间曲线,过程如图 4-3 所示,此时根据曲线最大斜率切线与相对距离为 0 的时间轴交点 K,与最大斜率点横坐标 H 之差即为此次追尾冲突的 TTC_R。

a)追踪界面

图 4-3

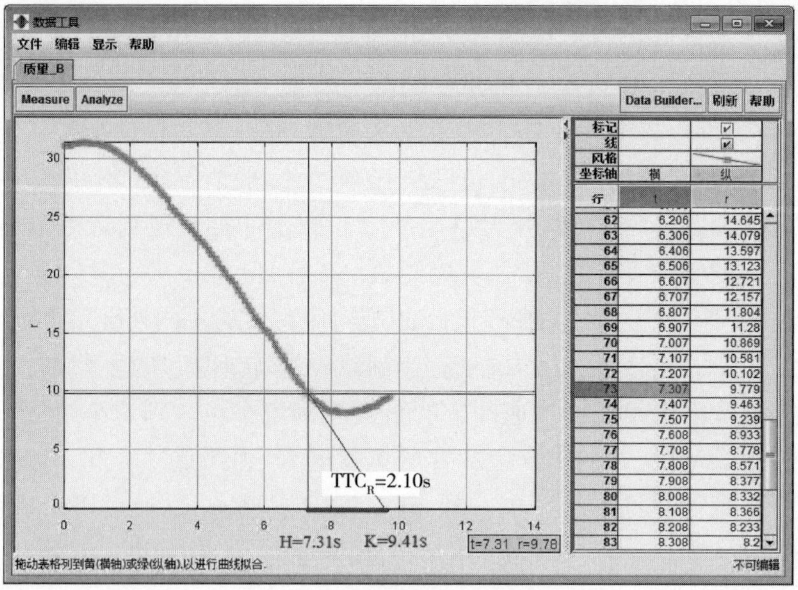

b)冲突车辆相对距离-时间曲线

图 4-3 追尾冲突 TTC 获取方法演示

②侧击冲突。对于侧击冲突,由于两车在不同车道,车辆距离减小最快的点可能并不是最可能发生冲突的点,因为即使保持此运动状态运行不采取避让措施,一车可能会与另一车在交叉点相继而过,这与追尾冲突在同一轨迹上只要有速度差就一定会碰撞不同,即追尾冲突轨迹交叉是一条线,而侧击冲突轨迹交叉只是一个点(严格来说应考虑车身长宽,是一个"块"),如果错过唯一交叉点,则不发生碰撞。所以对于侧击冲突不能采用"相对距离-时间曲线"方法,而采用如下的 TTC 计算方法。

如图 4-4,首先通过 Tracker 分别追踪两者轨迹,获取冲突过程中运动参数(此时建立固定坐标系),并逐帧反复播放获取避险行为发生时刻,读出相应的 A、B 车速度 V_A 与 V_B,用标尺工具量出 A、B 车车身长度 L_A、L_B 以及距离碰撞点的距离 S_A、S_B,此时分别计算出 TTC_{LA} 与 TTC_{LB}。此时将出现两种情况。

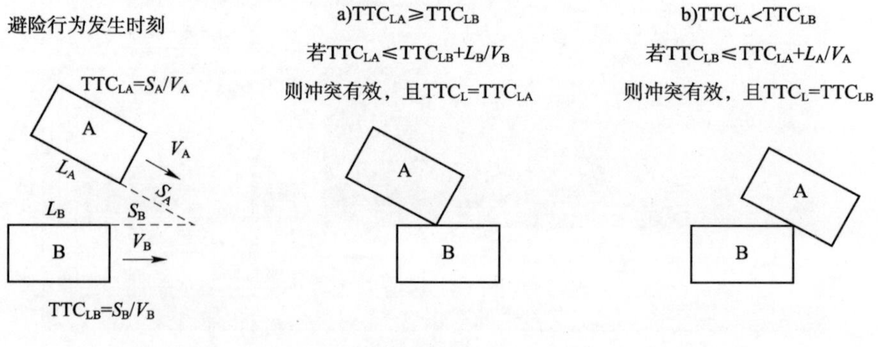

图 4-4 侧击冲突 TTC 计算方法

a. $TTC_{LA} \geqslant TTC_{LB}$：

若 $TTC_{LA} \leqslant TTC_{LB} + L_B/V_B$，则冲突有效且最终 $TTC_L = TTC_{LA}$，否则冲突无效；

b. $TTC_{LA} < TTC_{LB}$：

若 $TTC_{LB} \leqslant TTC_{LA} + L_A/V_A$，则冲突有效且最终 $TTC_L = TTC_{LB}$，否则冲突无效。

(3)地点车速。

地点车速是表征汽车通过某一地点的瞬间速度。车辆在通过一段很短区间时，速度不会发生很大的变化，故可以认为保持匀速状态通过该区间。所以在较短距离内计算得到的行驶速度，即为该断面的地点车速。

使用 Tracker 软件，从车辆进入视频中开始进行捕捉，得到每帧捕捉点的坐标，从而获得捕捉点移动距离和移动速度，并根据断面坐标对应表，得到捕捉点通过各断面的速度，即为车辆通过各断面的地点车速。

为捕捉车辆在功能区内不同位置速度变化情况，获取了每隔 5m 车辆的地点车速，用于分析车辆在功能区内运行状态的变化规律。

(4)区间行驶时间。

区间行驶时间是指在某一区间内，车辆从起点开始通过终点所用的总时间，用于比较该区间车辆通过的畅通程度。区间行驶时间获取十分方便，即测得车辆到达起点与终点的时间差。

使用 Tracker 软件，在视频标定需要起点及终点线，当一辆车的车头到达起点线时，记录下该时刻的帧数 t_1；同样，当该车辆车头通过终点线时，记录下该时刻的帧数 t_2，则该辆车通过该区间的时间为 $T = (t_1 - t_2) \times 0.0167$。

第5章　交通流特性分析

5.1　引言

交通流特性分析是交通安全分析模型建立的基础。由交通流特性可分析得出交通流稳定性特征，能较好地反映影响交通安全的机理性因素，从而为交通冲突分析模型指标的选取提供依据，并可根据交通流稳定性指标（速度差异性）与建立的交通冲突分析模型进行互相验证。为了分析互通立交交通流运行特征，本章从处理调查数据出发，分析交织区、合流区、分流区的交通流参数变化规律，以及车辆在不同车道、不同断面的运行状态，为交通流微观仿真和交通冲突机理研究奠定基础。

5.2　交织区交通流特征分析

5.2.1　交通量及组成分析

交织区的视频调查共得到9段视频，每段视频时长为10～14min。通过调查视频观测到两种状态下的交通流运行状态：高密度交通流和低密度交通流。各段视频折算成单位小时后的交通量见表5-1。

交织区交通量调查汇总表　　表5-1

序号	大车数	中车数	小车数	总流率（veh/h）	匝道流率（veh/h）	主线流率（veh/h）	交织比	大车混入率（%）
1	111	68	1965	2145	681	1464	0.32	5.2
2	47	59	2253	2359	741	1653	0.31	2.0
3	84	93	996	1173	262	876	0.23	7.2
4	25	31	1233	1288	362	791	0.31	1.9
5	53	58	1069	1181	291	860	0.25	4.5
6	34	78	1107	1220	239	990	0.19	2.8
7	69	43	1350	1461	300	1114	0.21	4.7
8	62	38	1114	1214	250	970	0.20	5.1
9	73	90	1067	1230	253	934	0.21	5.9

(1)交通量。

由表5-1可得,在高密度交通流状态下,交织区总交通量达到2100veh/h以上,其中进口匝道平均流率为711veh/h,主线上游平均流率为1558veh/h;从视频中可以看出,在这种交通流状况下,车辆在分流鼻端开始,往上游方向逐渐形成排队,排队车队也造成合流匝道的拥堵。在低密度交通流状态下,交织区平均交通流率为1252veh/h,进口匝道平均流率为280veh/h,主线上游平均流率为934veh/h;从视频中可以看出,在该交通量水平下,车辆基本不会形成排队,交织区内车辆呈现连续交通流。

(2)交织流量比。

交织流量比是指参与交织的交通量与进入交织区内交通量的比值。在交织区通行能力分析中,也引入交织比的概念。交织比是指两交织流中较少的交织交通量与交织总交通量的比值。

由于调查的交织区是有集散车道的交织区,除了少量的车辆利用交织区进行掉头或者直行车辆误行驶进入集散车道外,所有车辆基本都有交织行为,即主线上游车辆基本从出口匝道驶出,入口匝道基本都汇入主线。因此,调查交织区的交织流量比约等于100%。为了描述交织区各流向的交通量比值,采用交织比进行表征指标,在有集散道路的交织区,交织比大致等于匝道驶入车辆与进入交织区总交通量之比。由表5-1可得,交织比范围在0.19~0.32之间,平均交织比为0.25。

(3)交通组成。

交通组成指一股交通流中各类车型之间的交通量比值。本书将车型分为大车型、中车型、小车型三种,统计得到各车型之间比值为1.02:1:21.1。为了方便分析,引入大车混入率的概念。大车混入率指某一时间内,交通流中、大型车交通量与总交通量的比例。计算公式为:

$$R = \frac{Q_{大}}{Q_{总}} \times 100\% \tag{5-1}$$

式中:R——大车混入率;

$Q_{大}$——路段大型车流量(veh/h);

$Q_{总}$——大型车、中型车、小型车的总交通量(veh/h)。

统计得到,马群立交交织区的大车混入率为4.37%,交通流中大型车、中型车所占比例很小,交通流主要由小型车构成,车流组成较为单一,车辆运行横向干扰因素少。

5.2.2　速度分析

(1)断面速度分布。

断面速度是指车辆通过某一断面的瞬时速度,可以用于分析某地点的车速分布规律及速度变化趋势。调查的交织区以5m间隔进行断面划分,断面图如图5-1所示。

经过对视频录像进行处理,得到车辆经过断面时的速度并进行记录。统计分析得到断面平均速度和断面速度标准差。断面平均速度是指车辆经过某断面时的速度均值,用于表征该断面的车辆运行状况。断面速度标准差是指经过某断面的车辆速度的标准差,用于表征该断面车速的离散性,该值越高,则该断面车速一致性越差。车速一致性在一定程度上反映了道路安全性,车速一致性程度越差,道路越不安全。断面平均速度以及断面速度标准差分别如图 5-2 和图 5-3 所示。

图 5-1　交织区调查断面分布图

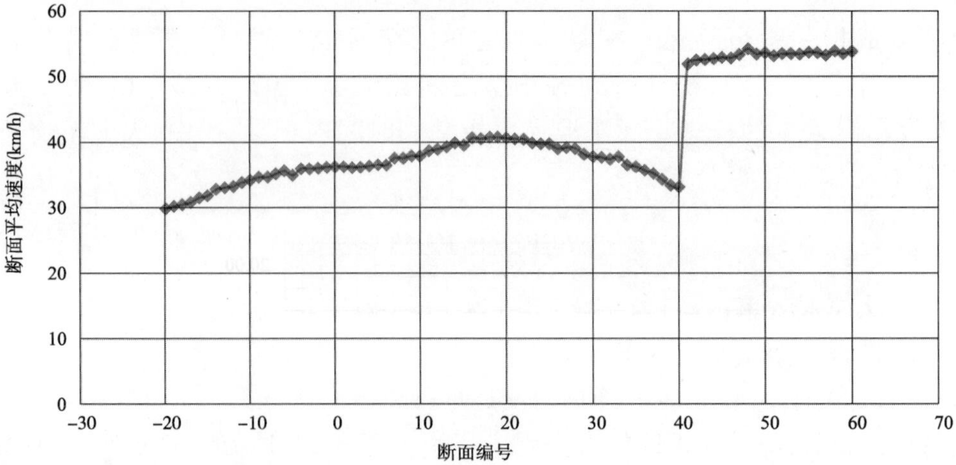

图 5-2　交织区断面平均速度散点分布图

综合两图可得,断面编号 -20 ~ 0 区间即合流鼻端上游,速度增加且趋于稳定于 36km/h,速度离散性降低;匝道汇入车辆速度降低,离散性升高。断面编号 0 ~ 40 区间即交织区内,速度增加又降低,交织中间速度达到最高,分流鼻端上游速度降低;速度离散性下降又上升,分流鼻端速度离散性最高。分流鼻端下游主线速度趋于 54km/h,离散性逐渐降低。两图基本反映了交织区车辆速度运行状况以及进出口匝道对主线交通流造成紊流作用。

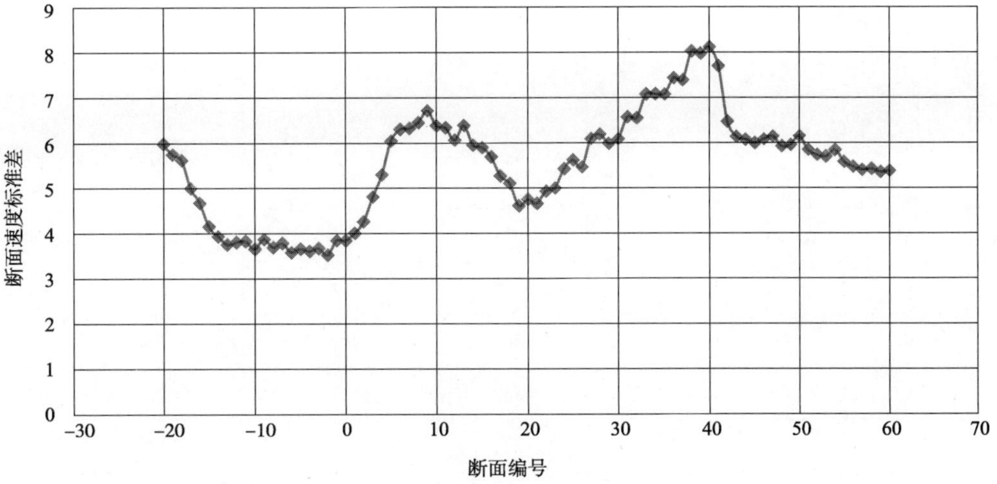

图 5-3 交织区断面速度标准差散点图

(2)行驶速度分布。

行驶速度是指车辆行驶在某一区间时的运行速度,它等于区间距离除以在该区间运行所需时间。本文以交织区合流鼻端与分流鼻端之间范围作为调查区间,区间长度为 209m,获取车辆通过时间,计算该区间车辆行驶时间。行驶速度分布如图 5-4 所示。

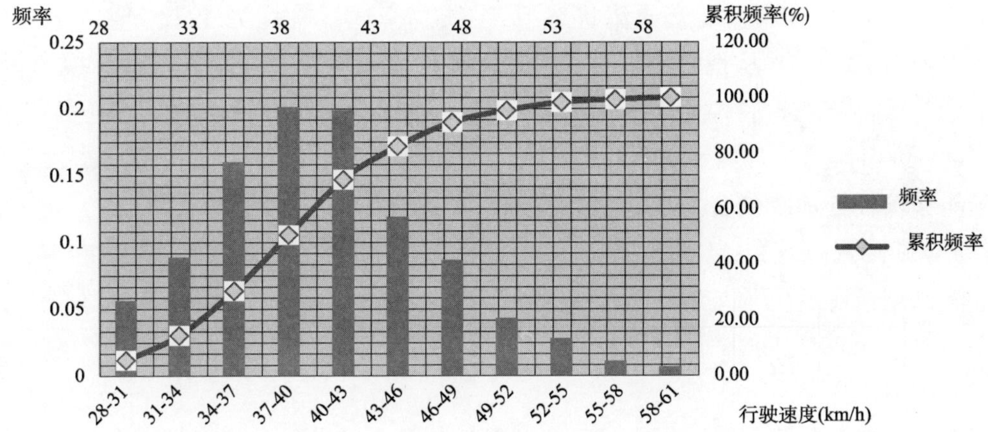

图 5-4 交织区行驶速度分布图

对交织区行驶速度进行分布函数拟合,行驶速度基本符合 $\mu = 40.41$,$\sigma = 6.11$ 的正态分布,交织区平均行驶速度为 40.41km/h。

5.3 合流区交通流运行特征分析

5.3.1 交通量及组成分析

合流区的航拍调查共得到 10 段视频,每段视频时长 8 ~ 14min,观察到三种交通流状态下的交通量见表 5-2。

合流区交通量调查汇总表　　表 5-2

序号	大车数(veh/h)	中车数(veh/h)	小车数(veh/h)	总交通量(veh/h)	进口匝道流率(veh/h)	合流比	大车混入率
1	181	333	4857	5371	1140	0.21	0.0337
2	300	105	4920	5325	1275	0.24	0.0563
3	297	306	4059	4662	954	0.20	0.0637
4	214	205	4113	4532	1077	0.24	0.0472
5	227	247	3847	4321	884	0.20	0.0526
6	213	267	3749	4229	1078	0.25	0.0504
7	373	458	3046	3877	863	0.22	0.0962
8	304	274	2927	3506	810	0.23	0.0868
9	54	260	3035	3349	677	0.20	0.0161

(1)交通量。

由表 5-2 可得,在高密度交通流状态下,主线总交通量平均为 4972veh/h,进口匝道平均流率为 1112veh/h;从视频中可以看出,合流区呈现拥堵状态,车辆进行换道困难,加速车道末端出现车辆停滞现象。低密度交通流状态下,主线总交通量平均为 3856veh/h,进口匝道平均流率为 862veh/h;该交通流状态下,车辆车头间距较大,匝道汇入车辆能够较轻松地找到合适机会进行合流。

(2)合流比。

合流比是指匝道汇入主线交通量与合流后主线交通量之比。调查合流区的合流比范围在 0.20 ~ 0.25 之间,平均合流比为 0.22。

(3)交通组成。

调查得到的大车型、中车型、小车型交通量比值为 1∶1.15∶16.04,按照公式计算得到大车混入率为 5.5%,大型车、中型车占中交通量比值为 11.8%,小型车占绝大多数,车辆行驶横向干扰较小。

5.3.2　速度分析

(1)断面速度。

以 5m 间隔对合流区进行断面划分,断面图如图 5-5 所示。

合流区不同车道中车辆运行状态不同。根据调查数据绘制不同车道在各断面的平均速度和速度标准差散点图,如图 5-6 和图 5-7 所示。

图 5-5　合流区调查断面划分图

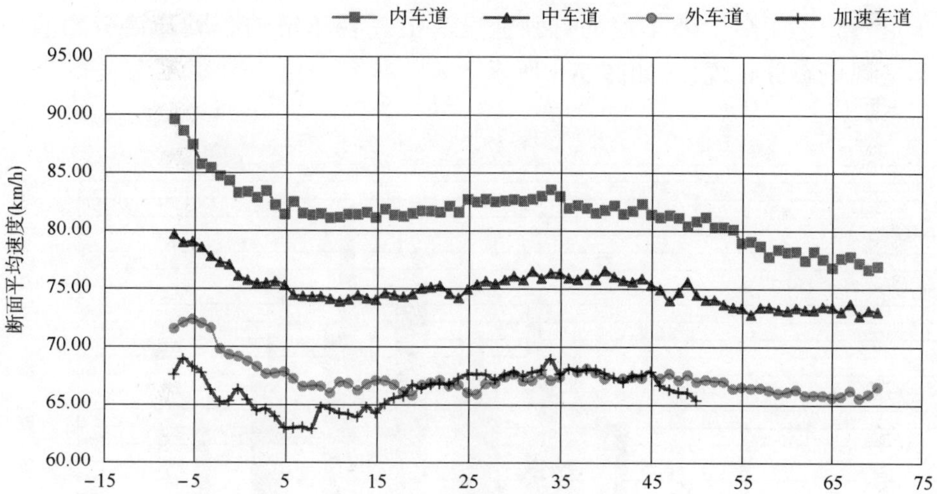

图 5-6　合流区各车道断面平均速度散点图

综合两图可以看出，内车道、中车道、外车道的各断面平均速度依次降低，符合高速公路由内到外速度减慢的规律；加速车道车辆在合流鼻端附近时，速度低于外车道，加速到断面 20 即距离合流鼻端 100m 处时，加速车道与外车道速度基本一致；从断面编号由小到大看，各车道速度先降低后稍微增高趋势，合流紊流的影响导致主线车辆为了避免合流冲突而降低车速行驶。加速车道断面速度标准差逐渐增大，原因在于加速车道车辆为了汇入主线，会根据外车道相近车辆运行速度，选择加速超车换道或者减速汇入主线车辆，从而导致加速车道速度离散性增大。

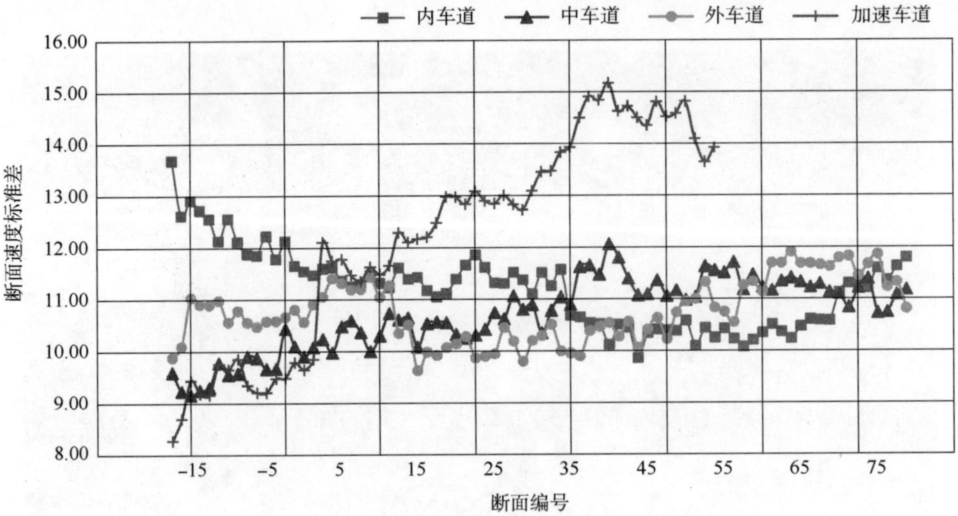

图 5-7　合流区各车道断面速度标准差散点图

(2)行驶速度分析。

一般货车和大客车会行驶在外车道,速度较快或者超车车辆会行驶在内车道,从而造成内车道行驶速度高于外车道的行驶速度。汇总各车道的行驶速度分布直方图,各车道基本呈现正态分布规律,如图 5-8 所示。

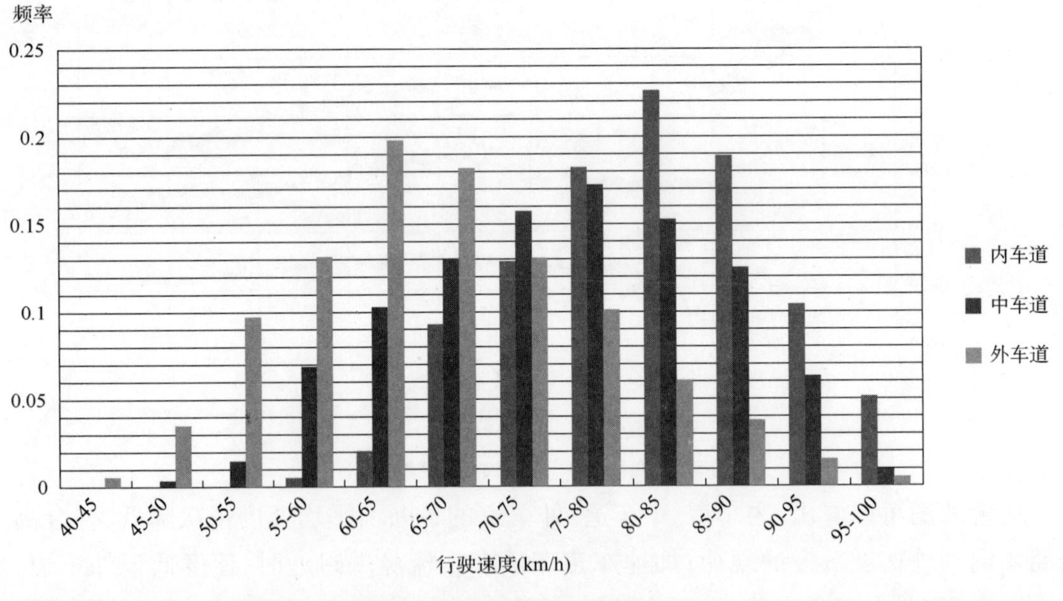

图 5-8　合流区各车道行驶速度分布图

利用 SPSS 分析得到,内车道基本服从 $\mu=81.16$,$\sigma=8.421$ 的正态分布,中车道服从 $\mu=75.19$,$\sigma=10.321$ 的正态分布,外车道服从 $\mu=66.76$,$\sigma=10.549$ 的正态分布。

因此,合流区内车道、中车道、外车道平均行驶速度为 81.16km/h、75.19km/h、66.76km/h。

5.4　分流区交通流运行特征分析

5.4.1　交通量及组成分析

分流区的航拍调查共得到 8 组视频,每段视频时长 12～14min。调查的分流区在有集散车道的交织区上游,分流车辆包括进入集散车道和出口匝道。本文只考虑一次分流状况,所以进入集散车道也认为是分流车辆。观察到三种不同拥挤程度交通流,各段视频折算成单位小时的交通流见表 5-3。

分流区交通量调查汇总表　　表 5-3

序号	大车数(veh/h)	中车数(veh/h)	小车数(veh/h)	总流率(veh/h)	出口匝道(veh/h)	分流比	大车混入率
1	259	284	6344	6887	2015	0.29	0.038
2	257	410	6071	6738	2035	0.30	0.038
3	218	238	4046	4501	1446	0.32	0.048
4	245	188	3691	4125	1362	0.33	0.059
5	277	281	3541	4099	1151	0.28	0.067
6	307	269	3493	4070	1302	0.32	0.076
7	206	219	2409	2833	711	0.25	0.073
8	122	200	2310	2633	879	0.33	0.046

(1)交通量。

由表 5-3 可得,调查视频的交通流呈现三种不同拥挤交通流。高密度交通流状态下,分流鼻端上游交通量平均为 6813veh/h,出口匝道流率为 2025veh/h;车头间距较小,出现驶出主线车辆换道困难,强行换道的现象。中密度交通流状态下,分流鼻端上游交通量平均为 4199veh/h,出口匝道流率为 1315veh/h。低密度交通流状态下,分流鼻端上游交通量平均为 2733veh/h,出口匝道流率为 795veh/h。

(2)分流比。

分流比是指驶出主线的分流交通量与分流前总交通量之比。调查的分流区分流比范围在 0.25～0.33 之间,平均分流比为 0.30。

(3)交通组成。

根据调查数据,大型、中型、小型车辆比是 1∶1.11∶16.88,按照公式计算大车混入率为 0.0557,大型和中型车占总车辆数约为 11.08%,小型车占大多数,车辆受到的横向干扰较小。

5.4.2 速度分析

(1)断面速度分析。

以5m间隔对分流区进行断面划分,断面划分图如图5-9所示。

图5-9 分流区调查断面分布图

根据调查数据绘制分流区各断面的平均速度及速度标准差散点图,如图5-10和图5-11所示。

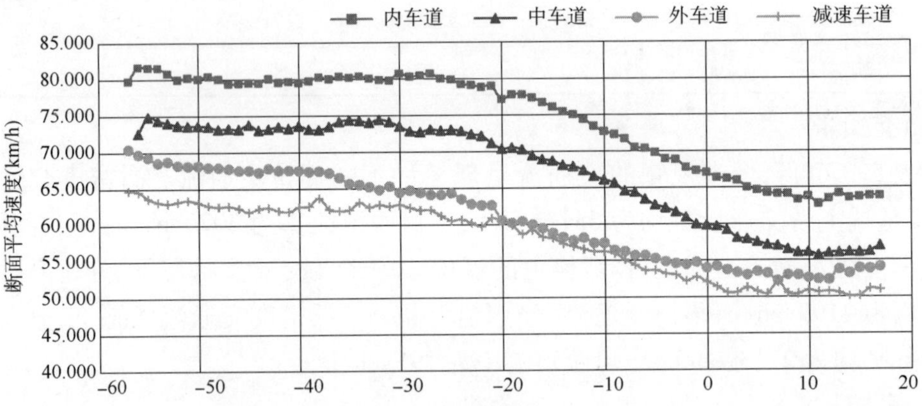

图5-10 分流区各车道断面平均速度散点图

综合两图可以看出,各车道平均行驶速度按照内车道、中车道、外车道、减速车道的顺序降低,其中减速车道的速度稍微低于外车道行驶速度;各车道大概从断面-25(距离分流鼻端125m)处开始减速,并于断面10(分流鼻端下游50m)处趋于稳定;内车道各断面速度标准差趋于稳定,而减速车道的车辆在进入渐变段开始离散性增加,速度一致性较差。

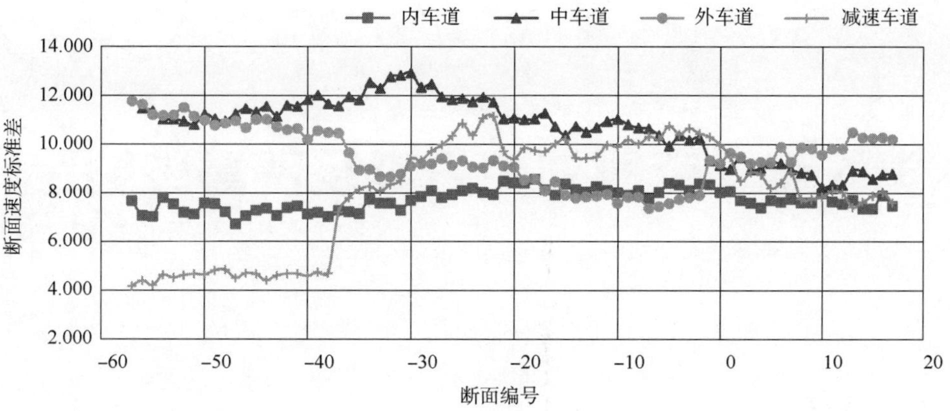

图 5-11　分流区各车道断面速度标准差散点图

(2)行驶速度分布。

分流区各车道由内向外行驶速度降低,且各车道的行驶速度分布基本符合正态分布,如图 5-12 所示。

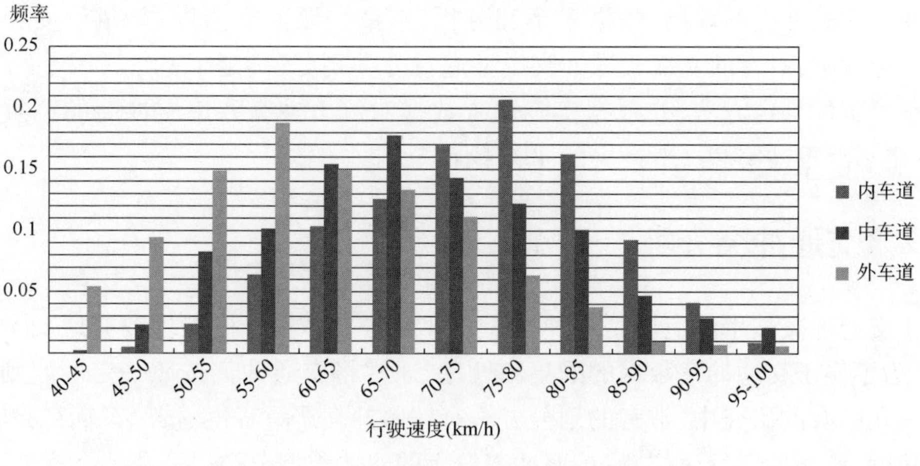

图 5-12　分流区各车道行驶速度分布图

利用 SPSS 分析数据得到,内车道行驶速度符合 $\mu = 74.39$,$\sigma = 9.928$ 的正态分布,中车道行驶速度符合 $\mu = 70.18$,$\sigma = 11.46$ 的正态分布,内车道行驶速度符合 $\mu = 61.53$,$\sigma = 11.227$ 的正态分布。由此可得,内车道、中车道、外车道平均行驶速度分别为 74.39km/h、70.18km/h、61.53km/h。

第6章　交通冲突分类及严重性判定

6.1　引言

本章对互通立交交通冲突分类及严重性划分进行研究。

合理的交通冲突划分方法应能表征出交通安全隐患的性质和可能导致的交通事故的类型；交通冲突严重性划分需要选取合适的冲突指标，用于表征冲突的严重程度，并进行有效的严重程度阈值界定。

为便于交通冲突的观测、数据采集和分析，本章按照冲突角度、严重程度和车辆行驶轨迹三个原则，对互通立交交通冲突类型进行分类划分；确定了基于 TTC 的互通立交交通冲突严重性判定方法，并根据实际调查数据对侧击冲突和追尾冲突的严重性进行划分，确定了严重冲突和一般冲突的 TTC 阈值范围。

6.2　交通冲突分类

由于交通冲突技术的应用是一种基于大量数据采集和分析处理的交通安全定量研究方法，为了便于交通冲突数据的采集和处理，通常将交通冲突按照一定的原则进行类型划分。在已有的研究中，常有的划分方法有按照冲突严重程度、按照车辆行驶轨迹、按照冲突角度、按照冲突发生位置、按照冲突发生的实体类型分类。

高速公路互通立交功能区的交通冲突分类方式有很多种，如按照交通冲突的角度、交通冲突的严重程度、车辆的行驶轨迹分类等。

(1)按照交通冲突角度分类。

根据产生冲突的道路使用者行驶方向之间的夹角(θ)来划分冲突类型，可以将冲突划分为正向冲突、侧向冲突、追尾冲突三类。但是对于高速公路互通立交来说，正向冲突基本不会出现，且除了部分急速换道或者分合流鼻端的变道，交通冲突角度不会太大；追尾冲突是最常见的，由于分合流对交通流的影响，前车和后车速度不一致易导致追尾冲突出现。因此，高速公路互通立交功能区按照冲突角度可以分为侧击冲突(换道冲突)和追尾冲突两种。

(2)交通冲突严重程度。

根据交通冲突可能产生的危害后果，一般将冲突分为严重冲突和一般冲突。也可更细致地将冲突分为严重冲突、中等冲突和一般冲突。冲突严重程度的划分一般通过冲突时间、距离、碰撞能量损失等指标进行界定。本文将交通冲突分为两类：严重程度、一般冲突。严重程度划分界限按照交通冲突时间 TTC 值进行划分，在 4.2.2 节中有关于各类型冲突严重性 TTC 界定值计算。

(3)车辆行驶轨迹。

根据车辆行驶轨迹，即根据两车变道方向进行划分，可以将交通冲突划分为左转与直行冲突、右转与直行冲突、左转与右转冲突等。对于高速公路互通立交来说，由于匝道车辆的驶入或者主线车辆的驶出，交通冲突产生往往是变换车道的需求导致的侧击冲突。按照行车轨迹分类，侧击冲突基本可以分为：匝道驶入主线车辆与主线直行车辆的冲突、主线驶入匝道与主线直行车辆的冲突、匝道驶入主线与主线驶入匝道的交织冲突。对于追尾冲突，由于道路环境变化和车辆换道行为，原本保持一定距离且速度较一致的前后车辆受到干扰，因前车减速导致后车有发生追尾的可能性。根据追尾冲突发生位置，对追尾冲突进行分类。

综合车辆行驶轨迹、冲突发生位置和冲突角度，分别对交织区、合流区、分流区的交通冲突类型进行划分，如图 6-1 ~ 图 6-3 所示。

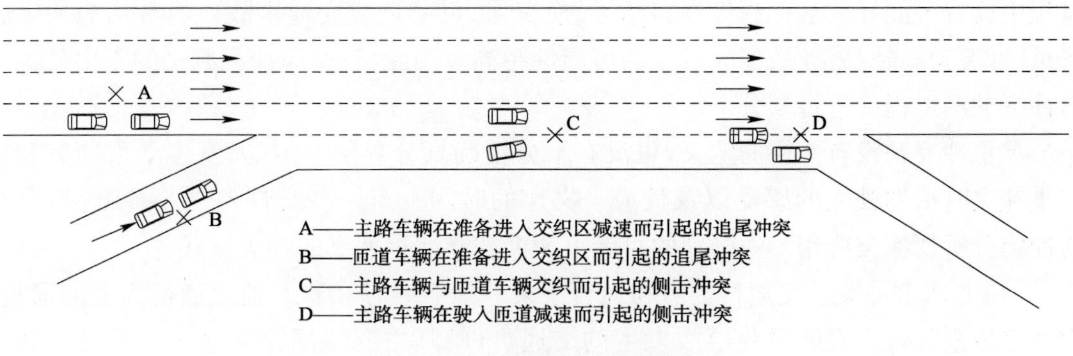

图 6-1　交织区交通冲突类型划分

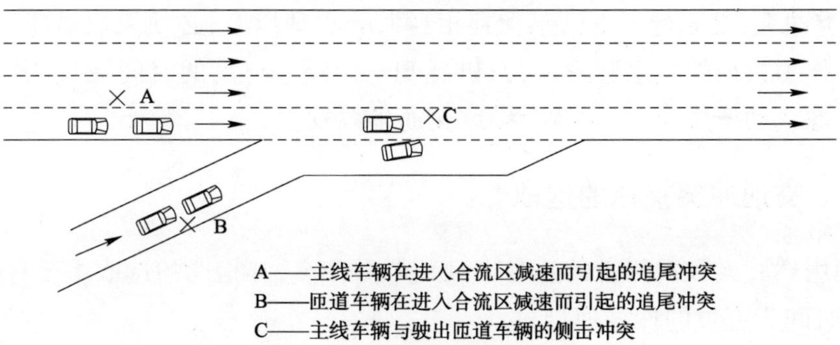

图 6-2　合流区交通冲突类型划分

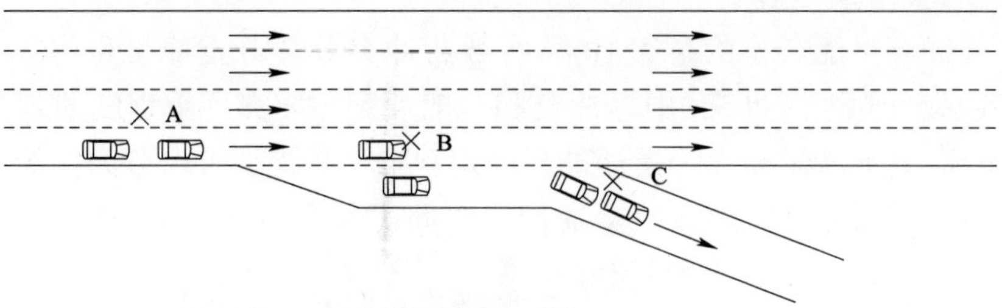

A——主路车辆在准备进入分流区减速引起的追尾冲突
B——主路车辆与减速车道上车辆的侧击冲突
C——驶入匝道车辆较多时，车辆排队减速引起的追尾冲突

图 6-3 分流区交通冲突类型划分

6.3 交通冲突严重性划分

国外大量研究表明,严重冲突与事故之间存在一定换算关系[19]。因此,对交通冲突研究的一个基本任务是选取合适的指标对不同严重程度的冲突进行有效界定。

交通冲突事件是道路使用者之间相互作用的结果,这些事件的发生存在着不同的概率和不同的严重程度。当道路使用者以危险的方式相互逼近时,双方在相互作用的过程中就有可能导致某种程度损害结果,换言之,可能造成交通事故。通常认为冲突越严重,冲突频率越高,导致事故发生的可能性越高。因此,对交通冲突判别的主要任务是对冲突的严重程度进行划分。

严重冲突并没有严格的定义,也没有十分精确划分界限。但是,发生严重冲突和非严重冲突时给驾驶人的感受以及反应—操作的时间上有一些定性差别。参照《道路交通冲突分析技术与应用》[13]提到的对严重冲突和非严重冲突的相关描述:

(1)非严重冲突。交通行为者在通行于某一地点时存在着其他交通行为者的逼近,需要采取避险行为方能避免事故发生的交通事件,其主要特征为交通行为者已感知到一定的心理压力;需要采取预防性避险行为;存在着较充分的预判时间。

(2)严重冲突:交通行为者已感受到相当大的心理压力;必须采取迅速有效的,甚至是以剧烈动作为特征的紧急避险行为;供感知—判断—行动的时间极短,客观表现为不允许任何犹豫或动作失误,否则就会导致交通事故发生。

6.3.1 交通冲突指标的选取

除了利用驾驶人和观测者的感受来判别严重冲突,其指标的选取主要有以下几类。

(1)以时间为度量的计算模型。

①碰撞时间。作为国内外应用最为广泛的冲突计算模型,碰撞时间(TTC)模型普遍

应用于道路交通安全评价中。当两车相距较近而发生交通冲突时，如果车辆仍然保持原有的速度行驶，当后车速度高于前车速度且车辆不采取任何规避行为时，两车将发生碰撞，从发生冲突到发生碰撞的时间差称之为碰撞时间。很明显，当 TTC 较小时，驾驶人受反应时间和车辆制动性能等影响，很大程度上不能及时做出有效的规避行为，从而导致事故的发生，其发生原理如图 6-4 所示。

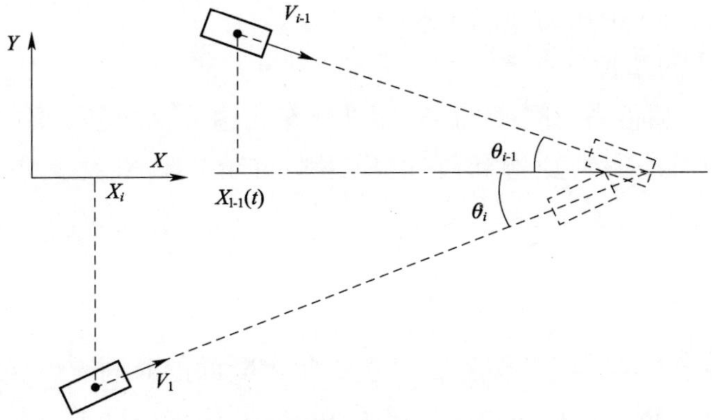

图 6-4　基于 TTC 的侧击冲突示意图

在国内外交通冲突的研究中，TTC 模型对追尾冲突的研究工作应用最为广泛，并且取得了一系列研究成果。在同车道前后行驶的两个车辆，当后车行驶速度高于前车速度同时两车车辆间隙较小时，如果两车不能及时采取有效的规避行为，两车就有发生追尾的可能。假定某一时刻 t，在此时刻如果两车不能及时采取有效的规避行为，两车就有发生追尾的可能，从 t 时刻开始到两车理论上发生追尾的时刻为止，这段时间为碰撞时间，即 TTC，单位为 s，其原理如图 6-5 所示。

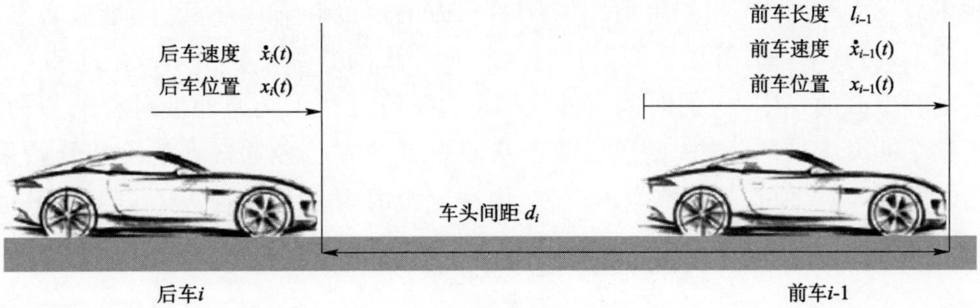

图 6-5　基于 TTC 的追尾冲突示意图

通常情况下，虽然对车辆在道路上行驶时的速度等交通流参数进行分析时，是将车辆当作质心处理的，但根据 TTC 的发生原理，很容易发现，当进行 TTC 计算时，始终要考虑前车的车身长度，其计算公式为：

$$\mathrm{TTC}_i = \frac{x_{i-1}(t) - x_i(t) - l_{i-1}}{V_i(t) - V_{i-1}(t)}, \forall V_i(t) > V_{i-1}(t) \tag{6-1}$$

式中：TTC_i——第 i 辆车追尾前车（即 $i-1$ 车）的碰撞时间（s）；

$x_{i-1}(t)$——t 时刻 $i-1$ 车在道路上的位置坐标（m）；

$x_i(t)$——t 时刻 i 车在道路上的位置坐标（m）；

$V_i(t)$——t 时刻 i 车的地点车速；

$V_{i-1}(t)$——t 时刻 $i-1$ 车的地点车速；

l_{i-1}——前车的车长（m）。

②后侵占时间。后侵占时间（PET）表示两辆车到达某一指定断面的时间差，同样作为以时间为度量的交通冲突判别指标，它的应用相对于 TTC 来说就要少得多，其计算公式为：

$$\mathrm{PET}_i = t_{i-1} - t_i \tag{6-2}$$

$$\mathrm{PET}_{i-1} = t_i - t_{i-1} \tag{6-3}$$

式中：PET_i——第 i 辆车与前车（即 i-1）到达某指定断面的时间差（s）；

PET_{i-1}——第 i-1 辆车与后车（即 i）到达某指定断面的时间差（s）；

t_i——后车到达指定断面的时间（s）；

t_{i-1}——前车到达指定断面的时间（s）。

对比分析 TTC 和 PET 的计算公式，可以很容易地发现，TTC 的计算过程需要相关车辆的速度、车身长度和车头时距等变量，而 PET 则可以直接通过视频提取工作获得，在一定程度上减小了工作量。

③TA 值法。以瑞典为代表的西方国家，在 20 世纪 80 年代就已经开始冲突、严重冲突定义的研究。其中，瑞典是最早提出用距事故发生时间 TA 作为冲突严重性判别指标的。

距事故发生时间 TA 指如果道路使用者双方的速度和方向不变，则事故必然发生，在此情况下，由其中一方开始采取避让行为的那一瞬间直到行驶至事故发生点（不采取避让措施时事故的发生点）的时间。冲突时间 TA 值反映了交通冲突过程的最初阶段，描述了整个冲突中最危险的一瞬间，即道路使用者一方已经觉察到危险并开始采取避让行为的时刻。TA 值在具体测量的时候，由冲突距离 D 和冲突速度 CS 得到，其计算公式为：

$$\mathrm{TA} = \frac{D}{CS} \tag{6-4}$$

式中：D——交通冲突车辆采取避险行为瞬间的点到冲突点的距离；

CS——交通冲突车辆采取避险行为生效瞬间的行驶车速。

（2）以距离为度量的计算模型。

在国内外交通冲突研究中，以距离为度量的冲突指标占有一席之地，其中制动距离比的应用最为广泛。顾名思义，制动距离比就是指正在行驶的车辆实际的制动距离与此时车辆到假如发生碰撞的地点的距离的比值。制动距离比与碰撞发生的概率有很好的正相关性，即制动距离比越大，就越有可能发生车辆间的碰撞。很明显，制动距离比更适合于研究追尾冲突。

假设前车的速度 V_1，加速度 a_1，后车的速度 V_2，加速度 a_2，后车与前车的车头时距 h，后车驾驶人的反应时间为 r。此时后车的实际制动距离 D 为：

$$D = V_2 r + \frac{V_2^2}{2a_2} \tag{6-5}$$

此时碰撞距离 S 为：

$$S = V_2 t = V_2 \frac{V_1 h}{V_2 - V_1} \tag{6-6}$$

从而得到制动距离比 R 为：

$$R = D/S = \left(V_2 r + \frac{V_2^2}{2a_2}\right) \Big/ \left(V_2 \frac{V_1 h}{V_2 - V_1}\right) = \left(r + \frac{V_2}{2a_2}\right) \Big/ \left(\frac{V_1 h}{V_2 - V_1}\right), \forall V_1 < V_2 \tag{6-7}$$

以制动距离比作为交通冲突的判别指标时，制动距离比的计算过程需要大量的车辆实时运行参数，包括实时的速度和加速度，然而实时加速度的获取却并不容易，这也在很大程度上限制了制动距离比在交通冲突安全研究中的应用。

(3)其他度量的计算模型。

虽然以时间为度量的冲突指标模型研究已经较为成熟，国内外学者也一直致力于开发基于其他指标的冲突计算模型，其中基于避免冲突的最大减速度模型得到了越来越广泛的应用。与制动距离比一样，该指标也通常应用于追尾冲突研究。顾名思义，避免冲突的最大减速度是指同一车道前后相邻行驶的两辆车，当后车行驶速度高于前车时，后车为避免与前车发生碰撞而所需的减速度即 DRAC(Deceleration Rate to Avoid Crash)，单位 m/s^2。

假设前后两车的速度差为 ΔV，时间差为 Δt，由此可计算得到避免碰撞减速度：

$$\mathrm{DRAC}_i = \frac{\Delta V}{\Delta t} = \frac{V_i(t) - V_{i-1}(t)}{\Delta t}, \forall V_i(t) > V_{i-1}(t) \tag{6-8}$$

式中：DRAC_i——第 i 辆车为避免追尾前车所需要采取的减速度值(m/s^2)；

$V_{i-1}(t)$——第 $i-1$ 辆车的速度(m/s)；

$V_i(t)$——第 i 辆车的行驶速度(m/s)；

Δt——前后两车的速度差(m/s)。

为了后文分析能够从宏观(路段)角度来充分反映交通冲突的影响因素如何作用于冲突，选取较为适合宏观研究的以时间为指标计算模型对各交通冲突进行计算。

对于以上三种冲突事件的度量方法，TTC 法需要分析冲突发生时相会车辆的整个过程，冲突时间根据时间曲线获得，在测量方法上较为复杂，且对于转向、加速等避让方式的冲突很难判断;PET 不考虑速度而表征接近事故的程度,与真实情况可能存在较大偏差;TA 值法只需要最先发生避让行为的车辆以及到可能发生冲突的距离即可获得冲突时间。从以上分析可得,TTC 值法更能全面地反应冲突的整个过程,更为准确,因此对于追尾冲突可采用 TTC 值法。而 TA 值法参数测量更为简单、方便,同时 TA 值来自意外事件刚刚被察觉和任何应急避险措施被采用之前的一瞬间,是最能反映真实冲突情况的度量值,因此,对于侧击冲突采用 TA 值法更为合适。

6.3.2 基于 TTC 的交通冲突严重性判定方法

采用合适的数学方法对不同严重程度的冲突进行合理界定,是冲突严重性判定中的重要内容。目前,可以采用的数学方法有 2 种:一种是借鉴交通流理论中的可接受间隙理论,分析相邻 2 类冲突的 TTC 曲线,将其交点对应的 TTC 作为界定值;另一种是采用交通工程上常用的累积频率曲线法,选择 85% 位累积频率对应的 TTC 值作为冲突的端点值。

(1)可接受间隙理论的引入。

根据交通流理论中的可接受间隙理论,当主路车流中出现一个间隙时,支路或次路的驾驶人会判定该间隙是否可以安全通行,对判断为可安全通过的间隙,驾驶人会选择穿越通过。当驾驶人认为间隙较小、安全程度较差时,会选择停车等待,直至可接受间隙的出现。在工程技术领域,为了判定出最小可接受间隙的数值,常采用现场观测的方法,根据主路车流中出现的间隙情况,分别记录待穿越车辆的通过或等待行为,据此可以得到 2 条曲线,分别表征在不同的间隙下(以时间间隔为衡量指标),可接受间隙与不可接受间隙的时间分布情况,二者的交点即为可接受间隙的临界值。相似的方法可以应用到交通冲突严重性的判定中,根据观测人员对冲突严重性的初始判断,结合对冲突样本的 TTC 分析,可以得到严重冲突、中等严重冲突、一般冲突在 TTC 上的分布状况,利用曲线的交点可以得到不同严重程度冲突的分界值,原理如图 6-6 所示。

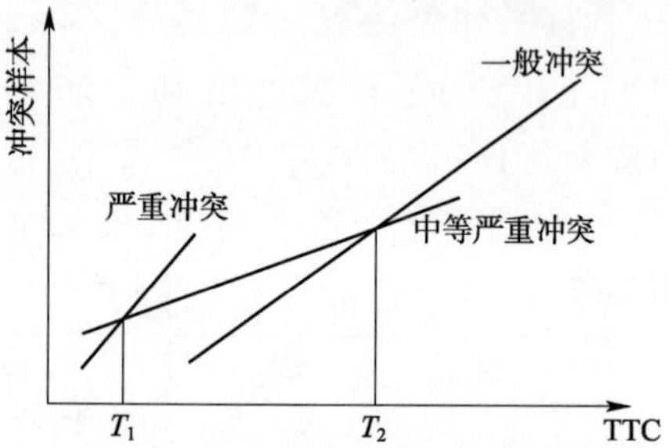

图 6-6 可接受间隙理论在冲突严重性判定中的应用原理

图中,T_1 为严重冲突与中等严重冲突的 TTC 界定值,T_2 为中等严重冲突与一般冲突的 TTC 界定值。

(2)85% 位累积频率曲线分析法(或者 Pareto 定律)的引入。

85% 位累积频率曲线分析法是交通工程学中常用的分析方法。它实际是引用了管理学中的 Pareto 定律,就是常说的 80/20 定律,即 20% 的原因造成 80% 的问题,在交通工程学的应用中比较广泛。如在路段限速值的确定中,常根据实测的车速分布情况,生成路段车速的累积频率曲线,并选用85%位累积频率对应的车速作为限速依据(即在正常行驶条件下,85%的车辆都不会超过该速度)。相似的分析方法可以引入到交通冲突严重性判定中,以观测人员的初步判定结论为依据,分别得到严重冲突、中等严重冲突及一般冲突的累积频率曲线,继而得到不同严重程度冲突的界定值,原理如图6-7所示。

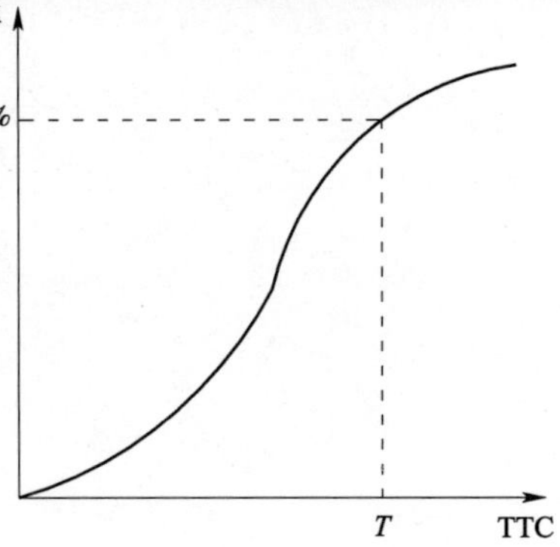

图6-7　累积频率曲线分析法在冲突严重性判定中的应用原理

对比这两种数学方法,可接受间隙理论更适合于平面无信号交叉口,累积频率曲线更具有普遍适用性。高速公路互通立交除了存在着侧击冲突外,大部分的交通冲突可以归类为追尾冲突,而可接受间隙理论并不适用于追尾冲突的严重性判断。因此,本文选取累积频率曲线分析法,对视频调查计算的TTC进行整理分析,得出严重、中等、一般冲突的TTC临界值。

6.3.3　交通冲突严重程度划分

通过对航拍视频进行后期处理,观察者将发现的可能发生交通冲突的视频片段截取下来,并通过tracker软件计算出TTC值。成立交通冲突严重程度判定小组,由12名观察者组成。判定小组逐一观察预先处理的交通冲突视频片段,并初步判定冲突严重程度,分为严重和一般两种程度。对于某些冲突严重程度意见不统一的片段,进行重复观察,并且通过讨论,直到所有成员或绝大多数成员的观点达到一致。成员认为不发生冲突或者TTC值异常点的片段,对其进行剔除,并且保证样本数满足要求。

本文剔除异常点之后,最终确定样本量为414个,其中,侧击冲突259个,追尾冲突155个。不同严重程度样本数见表6-1。

各类冲突不同严重程度的冲突样本数　　表6-1

冲突类型 / 严重性	侧　击	追　尾
严重冲突	106	64
非严重冲突	153	91

分别绘制不同严重程度的侧击冲突和追尾冲突在不同TTC段内的累计频率分布图,并且截取85%位的TTC作为不同严重程度的上限。其中,累积频率图如图6-8～图6-11所示。

各累积频率曲线图对应85%位的TTC值分别为2.3、4.2、2.8、4.7。对于侧击冲突,当0s＜TTC≤2.3s时为严重冲突,当2.3s＜TTC≤4.2s时为一般冲突;对于追尾冲突,当0s＜TTC≤2.8s时为严重冲突,当2.8s＜TTC≤4.7s时为一般冲突。

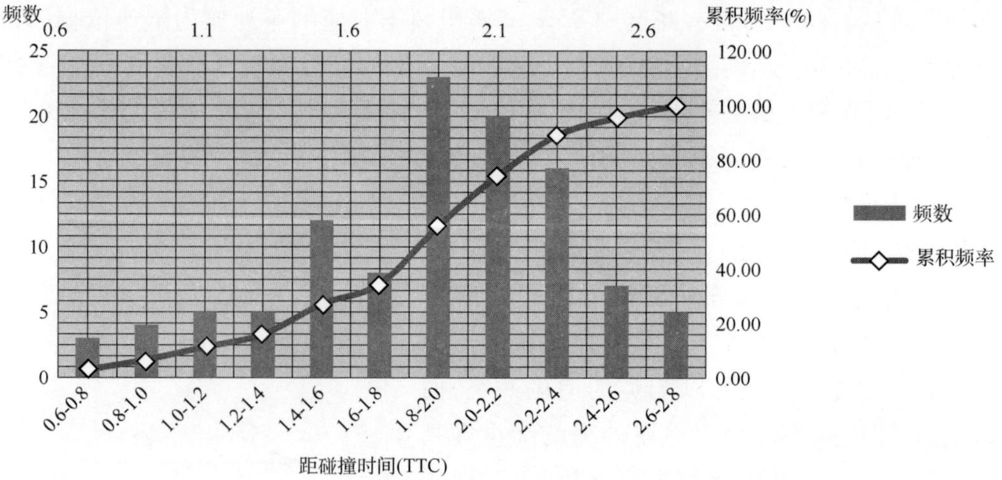

图 6-8　严重程度侧击冲突 TTC 累积频率曲线图

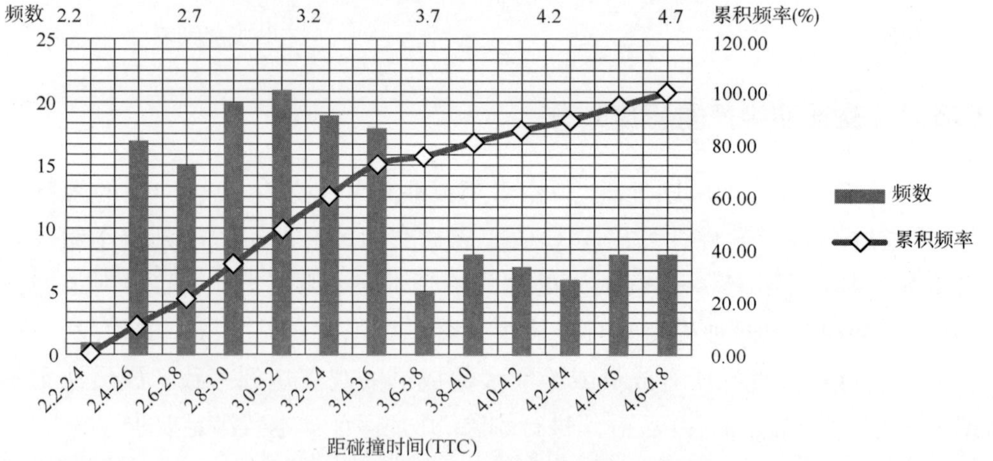

图 6-9　非严重冲突侧击冲突 TTC 累积频率曲线图

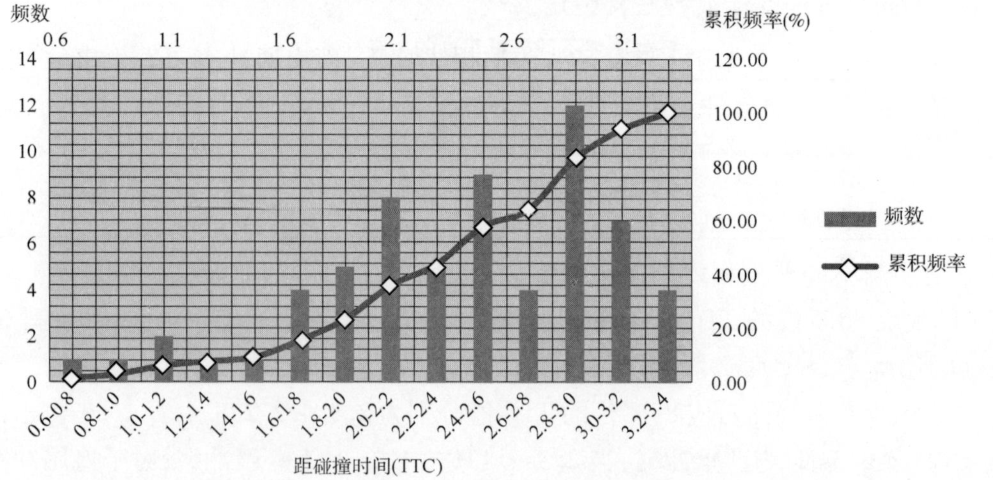

图 6-10　严重程度追尾冲突 TTC 累积频率曲线图

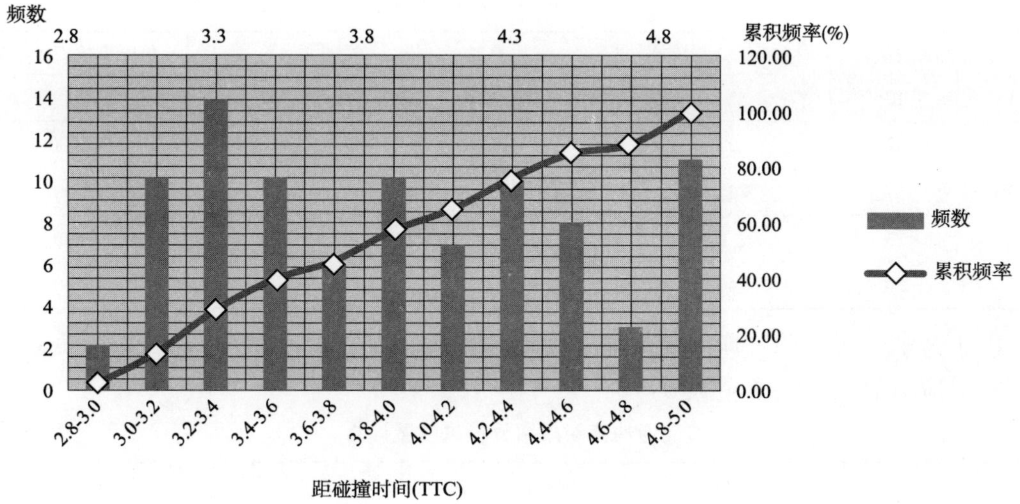

图 6-11　一般冲突追尾冲突 TTC 累积频率曲线图

6.4　综合冲突指标确定方法

以上已提出交通冲突严重性判定、交通冲突指标 TTC 定量计算以及各类交通冲突阈值确定方法。然而，为利用交通冲突技术评价一个对象的交通安全情况，需要用一个指标将各类交通冲突"危险性"整合至一个指标，在此命名为——综合冲突风险指数 *RI*。该指数越大，表示从交通冲突技术层面看，该评价对象越危险。

确定综合冲突风险指数 *RI*，涉及各类交通冲突危险度的权重确定，包括冲突类别的权重以及冲突严重程度的权重。

(1) 冲突类别的权重。

本次研究将冲突类型分为追尾冲突与侧击冲突，且侧击冲突定义为冲突角度不小于 15°的冲突。权重的确定可依据其造成的损失比重，而交通冲突未发生事故，损失无法定量描述，但由于交通冲突可对应交通事故形态（侧击或追尾），因此，本文根据对应事故形态的交通事故损失确定权重。

由于本文交通冲突分类为根据碰撞角度，无法根据传统事故分类——侧击、撞固定物、侧翻、自燃等进行统计。因为在传统事故统计方法中，尾部大于 15°的碰撞也定义为追尾。为专门统计不同碰撞角度产生的损失，可利用文献[20]中的数据——重庆高速公路 5 年事故形态数据，其中 11 点钟、1 点钟方向的碰撞事故可认为是侧击冲突对应事故，12 点钟方向的碰撞事故可认为是追尾冲突对应的事故，对乘员损伤程度按交通事故分类标准表[20]中的直接损失上限取值——轻微事故直接损失 200，一般事故直接损失 5000，重大事故直接损失 10000（对中、重取平均 7500）。于是基于文献[20]调整的表格见表 6-2。

不同碰撞角度事故形态数据 表 6-2

类别	数量	碰撞方位(主碰)	事故类别	乘员损伤程度	单位事故直接损失
1	12	1,12	侧击、追尾	轻	200
2	72	12	追尾	重	10000
3	57	11	侧击	中、重	7500
4	33	1	侧击	中、重	7500
5	20	12	追尾	中	5000

由于类别 1 包含两种碰撞角度，且其数量较少影响不大，故将其舍去。于是获取交通冲突对应事故损失权重见表 6-3。

交通冲突对应事故损失权重计算 表 6-3

数 量	事故类别	总直接损失	平均直接损失	权 重
92	追尾	820000	8913.04	0.54
90	侧击	675000	7500.00	0.46

因此，取追尾冲突权重为 0.54，侧击冲突权重为 0.46。通常来说，由于大角度侧击事故没有足够车身吸收碰撞能量，造成的恶性程度比追尾事故要大。但对于高速公路来说，从各高速公路公司上传的交通事故数据来看，侧面碰撞极少，通常为追尾、撞固定物、侧翻等。因此本文基于碰撞角度不小于 15°划分的侧击，与传统平交口的通常为大角度碰撞的侧击意义并不完全一致，且高速公路大于 15°侧击事故一般发生在车辆之间存在交互避让的情况下，碰撞速度往往不及高速行驶直接追尾事故，因此，事故严重程度也相对较轻，故该权重值结果符合逻辑，认为适合于本次研究。

(2)冲突严重程度的权重。

TTC 本身即是接近事故程度的度量，TTC 越接近 0，则认为越危险，TTC = 0 则被认为发生了事故。因此，可根据各类严重程度的平均 TTC 倒数之比，来获取不同严重程度冲突危险度的权重。获取的各类交通冲突调查样本平均 TTC 及不同严重程度权重见表 6-4。

各类交通冲突 TTC 平均值 表 6-4

冲突类型	追尾冲突		侧击冲突	
	严重冲突(S)	一般冲突(L)	严重冲突(S)	一般冲突(L)
TTC 平均值	2.4	3.9	1.8	3.3
权重	0.62	0.38	0.65	0.35

从表 6-4 可见，追尾冲突中严重冲突与一般冲突的权重分别为 0.62 与 0.38；侧击冲突中严重冲突与一般冲突的权重分别为 0.65 与 0.35。

此时，综合冲突风险指数可确定，见表 6-5(假设评价对象每小时产生了 L_A 个侧击严重冲突、L_B 个侧击一般冲突、R_A 个追尾严重冲突、R_B 个追尾一般冲突)。

综合冲突风险指数 ***RI***(/h) 表 6-5

冲 突 类 型	相对权重系数 ω_i	各类严重程度冲突权重	
		严重冲突权重	一般冲突权重
侧击	0.46	0.65	0.35
追尾	0.54	0.62	0.38
综合冲突风险指数	$RI = (L_A \times 0.65 + L_B \times 0.35) \times 0.46 + (R_A \times 0.62 + R_B \times 0.38) \times 0.54$		

此外,由于不确定本研究定义的轻微冲突率能否较好表征交通安全水平,故再定义只有严重冲突的"严重冲突风险指数"*RIS*,计算方法见表6-6(假设评价对象每小时产生了 L_A 个侧击严重冲突、R_A 个追尾严重冲突)。

严重冲突风险指数 ***RIS***(/h) 表 6-6

冲 突 类 型	相对权重系数 ω_i	各类严重程度冲突权重
		严重冲突权重
侧击	0.46	1
追尾	0.54	1
严重冲突风险指数	$RIS = L_A \times 0.46 + R_A \times 0.54$	

第7章 交通仿真实验设计

7.1 引言

研究不同道路条件、不同交通条件下的交通冲突变化规律，需要分析大量的基础数据，实际调查方法很难实现且数据处理工作量巨大。因此，本章选择通过 VISSIM 仿真不同的交通流状况，生成 SSAM Trajectory 轨迹文件，导入 SSAM 得出交通冲突数。

首先介绍 VISSIM 微观仿真模型和 SSAM 软件的应用，其次在确定了标定参数集后，分析低密度和高密度两种情况下驾驶行为参数对旅行时间和交通冲突数的影响。由于个体差异的存在，仿真模型参数标定更倾向于选取交通流的宏观特性，如车速分布、时距分布和换道率等。

研究选取旅行时间平方误差和作为适应度函数，通过遗传算法对参数集进行标定。选取适应度函数最小值时的参数集，对比仿真与调查冲突数，冲突数的绝对误差百分比均在要求范围内，确保仿真结果满足精度要求。

7.2 仿真软件介绍

7.2.1 VISSIM 简介

VISSIM 是德国 PTV 公司的产品，是一种微观的、基于时间间隔和驾驶行为的仿真建模工具，用以私人交通和公共交通运行的交通建模。

VISSIM 内部由交通仿真器（交通仿真器是一个基于时间、离散、随机的微观交通仿真模型，该模型以驾驶人－车辆－单元为基本实体）和信号状态产生器两部分组织。它们之间通过接口交换检测器数据和信号状态信息。其中跟车模型和车道变换模型又构成了微观交通仿真模型，VISSIM 中跟车模型为心理－生理跟车模型，换道模型将换道行为划分为必要车道变换和自由车道变换。

交通仿真器是一个微观交通仿真模型,它包括跟车模型和车道变换模型。信号状态产生器是一个信号控制软件,可以通过程序实现交通流的控制逻辑。

交通仿真模型的精确性主要取决于车流量模型的质量,例如路网中的车辆行驶行为。与其他不太复杂的模型采用连续速度和确定的跟车模型不同,VISSIM 采用的主要跟车模型是 Widemann 于 1974 年建立的生理 - 心理驾驶行为模型,如图 7-1 所示。该模型的基本思路是:一旦后车驾驶人认为其与前车之间的距离小于其心理(安全)距离时,后车驾驶人开始减速。由于后车驾驶人无法准确判断前车车速,后车车速会在一段时间内低于前车车速,直到前后车间的距离达到另一个心理(安全)距离时,后车驾驶人开始缓慢地加速,由此周而复始,形成一个加速、减速的迭代过程[21]。

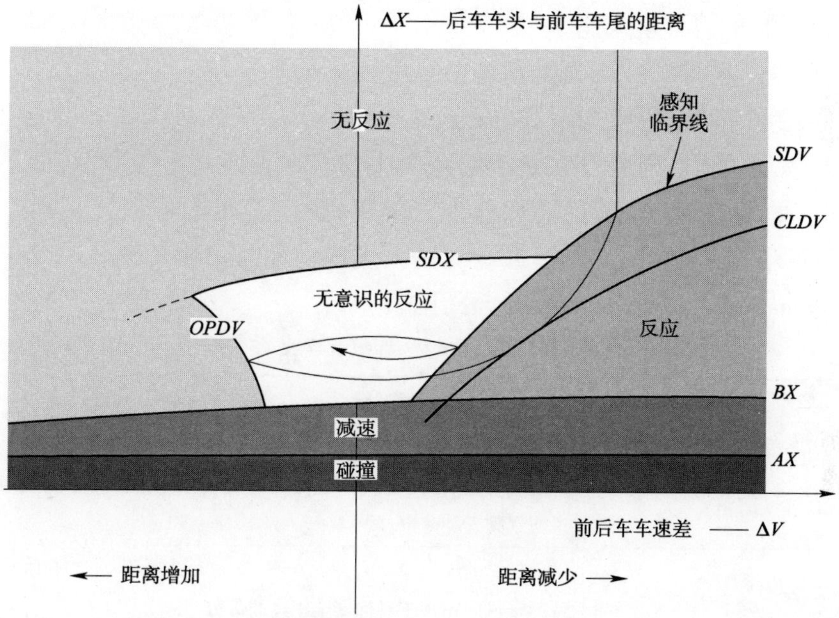

图 7-1　Widemann 74 模型

Widemann74 模型主要针对城市道路,本研究在 VISSIM 中选用的跟车模型是 Widemann 99 模型。基于 Widemann 于 1999 年提出的针对城际公路的跟车模型,更适合应用于本研究。

(1)跟车模型。

VISSIM 仿真系统采用的跟车模型是德国 Wiedemann 教授建立的基于驾驶人心理—生理(psycho-physical)的跟车模型。模型的基本思路是:在行驶过程中,如果后车驾驶人感觉认知前车与其之间距离小于其心理安全距离时,那么其会开始制动。在两车之间距离没有达到另一心理安全距离前,后车速度一直低于前车速度,当后车驾驶人认为两车距离大于心理安全距离时后车开始慢慢加速,这样不断反复,形成了加速、减速迭代过程。

VISSIM 中提供 Wiedemann 74 和 Wiedemann 99 两种跟车模型，这两跟车模型分别适用于城市内部道路和城际道路、高速公路。本次研究对象为高速公路互通立交，所以选取 Wiedemann 99 模型为跟车模型。

Wiedemann 模型的基本观点是：根据驾驶模式的不同，将驾驶人分为四种类型。

①自由行驶。这种行驶方式是指前方行驶的车辆对后方的车辆没有任何影响，在这种条件下，驾驶人会追求达到并且希望保持一个确定的速度，这个速度就是理想速度。事实上，驾驶人不能经常保持只有行驶状态下的车速，由于驾驶人偶尔的操作不当，车辆的自由行驶会在理想速度左右波动。

②接近前方车辆的行驶。这种驾驶行为发生在后面的车辆的车速高于前面车辆的车速，当后面车辆接近前面车辆的时候，为了两辆车达到相同速度时两辆车保持理想的安全距离，后面的车辆必须减速。

③跟驰行驶。这种驾驶行为是指一辆车跟随前面的车辆行驶而没有任何明显的加速或减速。跟驰车的驾驶人尽量保持安全距离，但是，由于驾驶人的操作错误或者判断错误，前后两辆车的速度总是存在微小的差别。

④制动。如果前后两辆车的距离低于安全距离时，后面的车辆就会紧急制动，这往往是由于前面的车辆突然改变车道或者驾驶人发现前面另一辆车突然改变车道。

在 Wiedemann 99 模型中，参数及含义见表 7-1。

Wiedemann 99 参数及含义 表 7-1

参 数	含 义
CC0(停车间距)	两停止车辆之间的平均期望间隔距离
CC1(车头时距)	后车驾驶人对于某一个确定的速度而期望保持的车头视距。该值越大，说明驾驶人越谨慎
CC2(跟车变量)	前后车的纵向摆动约束，是后车驾驶人在有所反应、有所行动之前，所允许的车辆间距大于目标安全距离的部分
CC3(进入跟车状态的阈值)	进入跟车状态的阈值，用于控制后车何时开始减速
CC4(被动跟车状态的阈值)	速度差为负值时，控制跟车状态下前后车的速度差。该值越小，后车驾驶人对前车加、减速行为的反应越灵敏
CC5(主动跟车状态的阈值)	速度差为正值时，控制跟车状态下前后车的速度差。该值越小，后车驾驶人对前车加、减速行为的反应越灵敏
CC6(车速振动)	跟车过程中，距离对后车速度摆动的影响。如果该值为 0，则后车的速度摆动与前后车间的距离无关。该值越大，则随着前后车间距的增加，后车的速度也随之增加
CC7(振动加速度)	摆动过程中的实际加速度
CC8(停车的加速度)	停车起动时的期望加速度(受加速度曲线中的最大加速度限制)
CC9(80km/h 车速时的加速度)	80km/h 车速时的期望加速度(受加速度曲线中的最大加速度限制)

（2）车道变换模型。

VISSIM 中有两种车道变换模型：强制车道变换和自由车道变换。强制车道变换是为规避道路前方事故或转弯而必须换道行为。自由换道则是为了获取更大行驶空间或更高的行驶速度而进行的换道行为。对于这两种换道行为而言，当驾驶人有变换车道意图时，首先考虑行驶方向上是否有合适的空档。空档的大小由变速车辆的车速、需要变换到的车道上的后面紧随车辆的车速决定。此外对于必要的车道换道，还取决于对应的最大减速度。

VISSIM 换道模型主要包括以下 7 个参数：最大减速度、$-1m/s^2$距离、可接受的减速度、消散前的等待时间、最小车头间距、安全距离折减系数、协调制动的最大减速度。各参数的含义如下。

①最大减速度：即为减速度的上限。

②$-1m/s^2$距离：定义为车辆在进行车道变换时速度变化率为$-1m/s^2$所需要的距离。

③可接受的减速度：即为减速度的下限。

④消散前的等待时间：定义了车辆在紧急停车位置等待车道变换空间出现的最长时间。如果某车辆等待时间达到预设值，路网中失去该车辆信息，消失车辆的位置以及消失的时间将记录在错误文件中。

⑤最小车头间距：后方车辆为成功超前车辆所需的最小车头间距。

⑥安全距离折减系数：定义为变道时的安全距离与原来安全距离的比值。只要车辆发生换道时，VISSIM 可通过该参数值减低实际安全距离。

⑦协调制动的最大减速度：当驾驶人允许其他一个车辆变换到自己行驶的当前车道上，需要相应地协调制动，该时采取的一个自身最大期待的减速度。

（3）仿真参数敏感性分析。

VISSIM 仿真软件中的驾驶行为参数众多且相互关联，不能一一进行标定，需要在众多参数中筛选出对仿真结果有较为显著影响的参数，然后对几项驾驶行为参数进行调整。Rong Fan（2011）等[22]对交织区的驾驶行为参数进行敏感性分析，用旅行时间和交通冲突数变化来表征对车辆运行状态的影响，得出结论：CC0、CC1 对旅行时间和冲突数有显著影响；CC3 和安全距离折减系数对冲突数有显著影响；Dusan Jolovic（2012）[23]发现 CC0、CC1、CC2、CC3 对过饱和交织区模型输出有较大的影响。

本书利用交织区仿真模型，逐一对 VISSIM 参数进行敏感性分析。敏感性分析指标有两个：区间旅行时间和交通冲突数。区间旅行时间可以通过 VISSIM 评价文件得到结果；交通冲突数是通过 SSAM 分析仿真得出的轨迹文件得到冲突数。本章分别对两种交通流状态下的参数敏感性进行分析。驾驶行为参数对旅行时间和交通冲突数影响显著程度见表 7-2。

驾驶行为参数敏感性分析　　表 7-2

驾驶行为参数	低密度交通流状态下		高密度交通流状态下	
	行程时间	交通冲突数	行程时间	交通冲突数
安全距离(CC0、CC1)	—	是	是	是
CC2	—	—	是	是
CC3	—	—	是	
CC4	—	—	—	
CC5	—	—	—	
CC6	—	—	—	
CC7	—	—	—	
CC8	—	—	—	
CC9	—	—	—	
最小车头间距	—	—	—	
安全距离降低因子	—	—	是	是
最大减速度	—	—	是	是

多组数据仿真可以看出,在自由交通流状态下,驾驶行为对旅行时间的影响甚少,基本维持在一定值内;CC1 对仿真出的交通冲突数有一定影响,影响规律并不明显。在拥堵交通流状态下,各项驾驶行为对旅行时间和交通冲突数都有一定程度影响,影响程度较为显著的参数是 CC1、CC2、CC3 和最大减速度。故本文选取 CC1、CC2、CC3 和最大减速度作为 VISSIM 驾驶行为参数标定对象,其他参数按照合理的经验值进行细微调整。

7.2.2 SSAM 简介

(1)功能简介。

SSAM 是美国联邦公路局(FHWA)基于交通安全替代评价模型开发的交通安全评价软件,可用于分析微观交通仿真输出的车辆轨迹文件中的交通冲突。它依据距离碰撞时间(TTC,Time-To-Collision)和后侵占时间(PET,Post-Encroachment Time)来判定车辆间相互作用是否作为一次交通冲突,并能够根据冲突角度(conflict angle)将交通冲突分为正向冲突(crossing)、变道冲突(lane change)和追尾冲突(rear end)3 类。

SSAM 软件使用十分便捷,可以实现对多个仿真得出的轨迹文件进行交通冲突的判别、汇总、筛选以及冲突点位置显示等功能,方便用户对于仿真得出的交通冲突数据进行分析。SSAM 软件主要由 6 个界面构成。

①配置(Configuration):该界面实现案例信息输入、轨迹文件导入、交通冲突阈值和冲突角度阈值设置功能。交通冲突阈值和冲突角度阈值的设定,是软件进行交通冲突分析的基础。

②冲突数据(Conflicts):该界面汇总了软件计算得出的各交通冲突的数据,包括TTC、PET、MaxS、MaxD、DeltaS、DR、MaxDeltaV等数据。

③汇总(Summary):对辨识冲突的结果进行汇总,包括冲突指标的统计和不同冲突类型的汇总。

④筛选(Filter):对冲突数据进行条件筛选,筛选条件包括冲突指标范围、冲突类型、所在道路、轨迹文件以及一定区域。

⑤T检验(T test):该界面实现该冲突文件与另一个冲突文件的T检验和F检验,可以设定显著性水平和分析的数据集。

⑥地图(map):如图7-2所示,该界面可以实现VISSIM数据的导入,通过设定颜色显示不同冲突严重程度、冲突类型以及各冲突点所在位置。

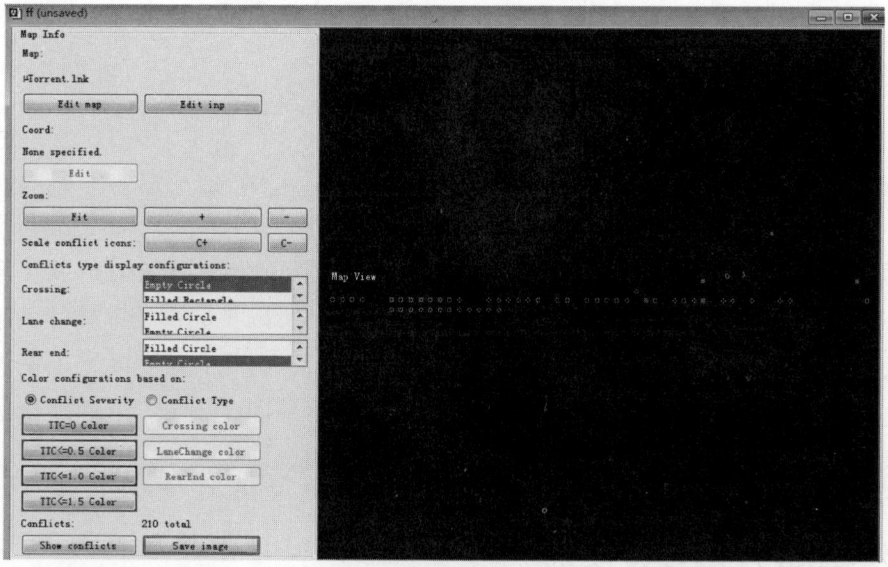

图7-2　SSAM实现交通冲突分类及显示

(2)辨识条件设定。

SSAM辨识交通冲突是通过车辆行驶轨迹进行计算,当TTC或者PET在一定值范围内,即认为两辆车发生冲突。TTC(time to collision)是指当两车发生冲突,若两车保持原有的速度差不变,从冲突开始至碰撞发生的时间段为碰撞时间。PET(post encroachment time)定义为两辆车通过同一指定区域的时间差。相比于TTC,PET的缺点在于难以应用在同一轨迹上的车辆之间相互作用(跟驰状态)的研究。

本书主要选取TTC作为交通冲突辨别指标,根据实际调查的交通冲突,对TTC进行严重程度界定,确定严重冲突、中等冲突、轻微冲突的TTC阈值。根据SSAM分析的TTC值,可以筛选出不同严重等级的交通冲突数。

对于冲突类型的划分,SSAM是通过两辆相邻车行驶轨迹的角度进行判别的,分为三种冲突类型：追尾冲突（rear-end conflict）、换道冲突（land-change conflict）和正向冲突（crossing conflict），如图 7-3 所示。

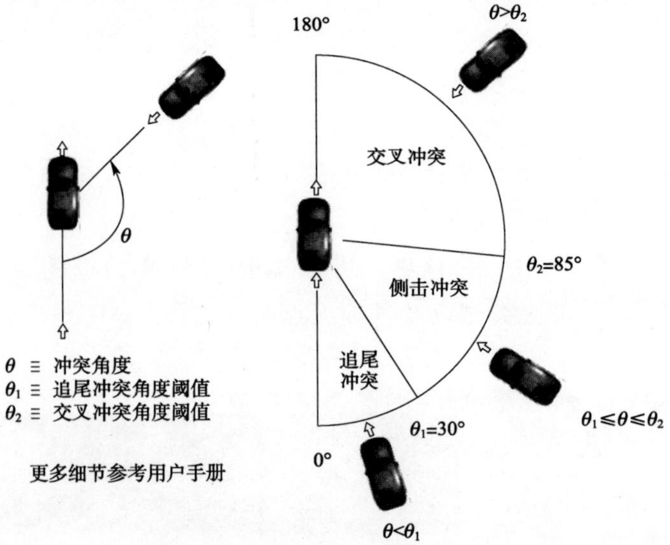

图 7-3　冲突类型辨别规则

本著作研究对象是互通立交，车辆运行轨迹基本呈现车辆跟驰运行和车辆换道行为，观测的交通冲突中，两辆车的轨迹相交的角度很小，所以正向冲突基本不存在。对于追尾冲突和换道冲突，软件默认的冲突角度临界值为 30°，该冲突角度得出的换道行为特别少，主要原因在于互通立交线形条件较好，相比于平面交叉口，车辆轨迹之间不会存在很大的冲突角度。因此，本章需要标定冲突角度的合理取值。

7.3　驾驶行为参数校正

7.3.1　校正流程

驾驶行为参数的校正直接影响着仿真实验结果的可信度。为此，本节首先采取基于交通流特征的校正方法，获取较优驾驶行为参数集合群，并通过聚类分析法，选取各校正标准样本较优集合群的交集，随后再依据 SSAM 交通冲突仿真与调查结果的接近度，从中选取最优的驾驶行为参数集。校正流程图如图 7-4 所示。

7.3.2　校正实现

（1）校正软件简介。

为进行驾驶行为参数校正，在借鉴文献[24]的基础上，结合互通立交实交通仿真特点与实际需求，编写了“互通立交 VISSIM 仿真驾驶行为参数校正程序”软件，校正指标为行程时间，采用遗传算法迭代算出最优的驾驶行为参数集合，使仿真结果与调查值接近程度最高。软件校正驾驶行为参数的选取，为借鉴国内外研究成果选择的对交通流影响较大的几个参数，如英国高速公路管理局委托 Brian Vaughan 等[25]研究的 VISSIM 模型，需要校正的关键参数见表 7-3。

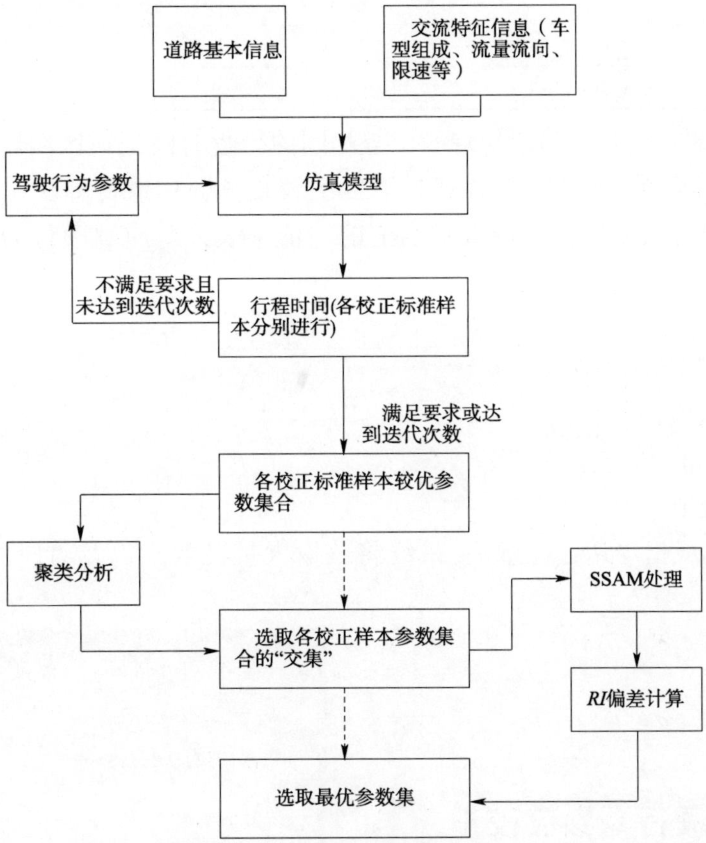

图 7-4　校正流程图

英国高速公路管理局推荐 VISSIM 校正参数集　　表 7-3

仿真模型	校正指标
VISSIM	观测车辆数
	种子值
	车道变化变量
	CC1
	CC2
	CC3

结合《VISSIM 使用手册》[21]关于其他驾驶行为参数的解释，如 CC0、可观测车辆数等均有较明确的含义并给出了特定情况下的建议值，因此对于这些参数取默认值已较

为合理。所以，软件选取 CC1、CC2、CC3、自车最大减速度为需要校正的参数。为避免各参数在非合理区间取值，各参数浮动范围见表 7-4。

校正参数浮动范围 表 7-4

参　数	VISSIM 默认值	最 大 值	最 小 值	步　长
CC1	0.9	2	0.5	0.1
CC2	4	6	2	0.27
CC3	－8	9	5	0.27
自车最大减速度	－4	8	3	0.71

预先在 VISSIM 仿真中指定与现实调查相同的行程时间记录区间以及输入流量、车型组成、期望速度等参数之后，软件通过取以上校正参数用遗传算法仿真迭代，并比较仿真获取的行程时间平均值与调查平均值的差值来表征对应驾驶行为参数集的优度，偏差 P 如公式(7-1)所示。

$$P=\frac{(T_{仿真}-T_{调查})^2}{T_{调查}} \tag{7-1}$$

式中：P——偏差值；

$T_{仿真}$——仿真值；

$T_{调查}$——调查值。

程序运行完成指定迭代次数后，最终将获取大量参数集以及对应的偏差。软件部分界面如图 7-5 ~ 图 7-7 所示。

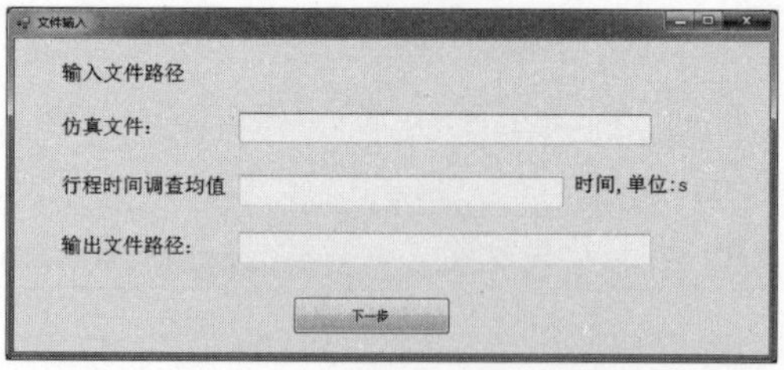

图 7-5　驾驶行为参数校正软件文件输入界面

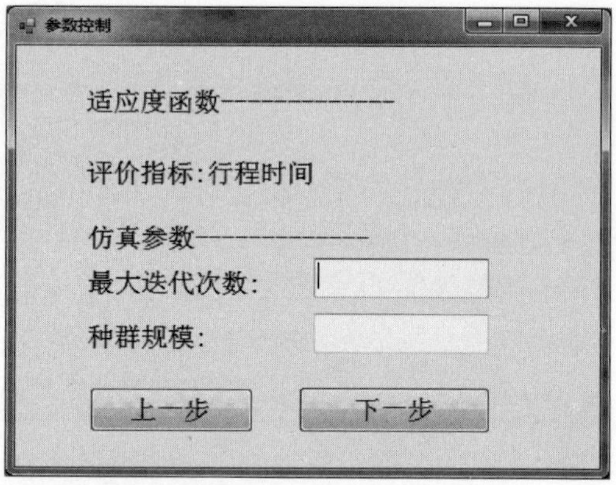

图 7-6　驾驶行为参数校正软件算法参数输入界面

(2)校正标准样本以及检验样本的选取。

本文共获取 10 个航拍视频样本数据，结合第 5 章对样本关于交通量、速度、变道行为等与 RI 的关系分析，删除 RI 较为异常的样本——1、6、7、10 号样本，即 1、6、7、10 号样本不作为校正标准(因其分别在交织比、交通流率、大车比例等因素上与 RI 关系得出不符合逻辑或不可靠结论)，选取 2、4、5、8、9 号样本作为校正标准，以剩下的 3 号样本作为检验。

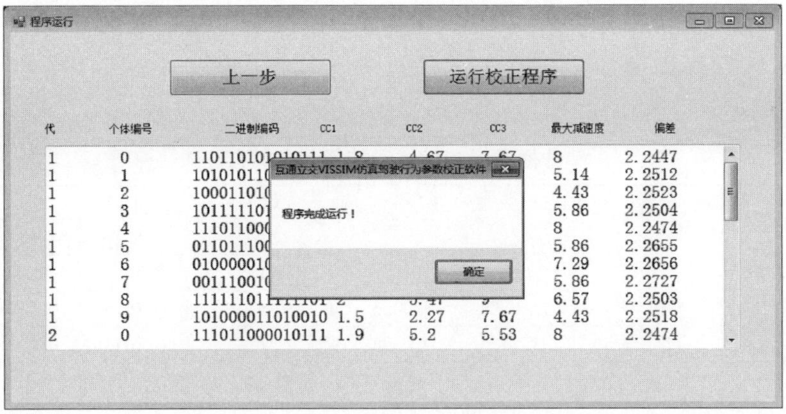

图 7-7　驾驶行为参数校正软件程序运行界面

如前所述，调查交织区长度为 162m，此范围也是交织干扰最多的区域，为便于仿真建模，以该区域中间的 150m 范围作为校正区间，通过航拍数据获取各样本通过该范围的行程时间，各校正用样本信息、交通条件、*RI* 以及调查行程时间见表 7-5。

校正用样本（标准样本）信息　　表 7-5

样本性质	原编号	编号	交通流率	大车比例（%）	交织流量比（%）	交织比	*RI*	行程时间
校正标准	2	B	1389	7.2	97.0	0.23	15.7	11.157
	4	D	1620	4.7	96.8	0.21	33.6	12.379
	5	E	1477	5.1	99.6	0.20	14.3	10.558
	8	A	1352	1.9	85.7	0.31	13.8	10.933
	9	C	1317	4.5	92.6	0.25	7.3	11.036
检验	3	X	1421	5.9	96.5	0.21	16.7	10.977

（3）各标准样本较优参数集合群。

选取最大迭代次数为 20，种群数目为 10，分别对各标准样本的交通条件进行仿真参数校正。运行校正软件，以标准样本 D 为例，其软件校正效果如图 7-8 所示。由图可见，软件在第 4 代时已基本达到收敛，随后由于继续扰动，又获取了更多样性的参数集合，而不管第几次迭代的参数集，其参数值与对应偏差都被软件记录下来，均可用于分析，因

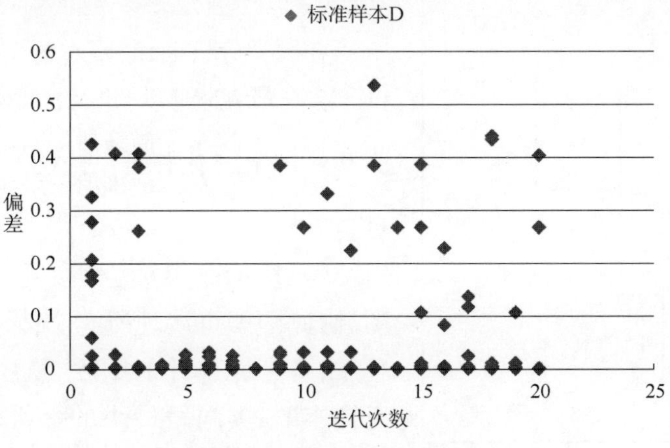

图 7-8　标准样本 D 软件迭代效果

此，参数集数据量是充足的。

分别取各标准样本偏差小于0.1的仿真参数集群，共得到291个参数集，部分数据见表7-6。

各标准样本较优参数集部分数据　　表7-6

编号	个体	CC1	CC2	CC3	自车最大减速度	偏差	CC1标准化	CC2标准化	CC3标准化	自车最大减速度标准化
A	1	2	5.47	8.2	3	0	1	0.8675	0.8	0
A	2	2	5.47	7.13	3	0.0003	1	0.8675	0.5325	0
A	3	2	5.47	7.13	3.71	0.0008	1	0.8675	0.5325	0.142
…	…	…	…	…	…	…	…	…	…	…
B	1	1.8	6	7.13	5.86	0	0.8667	1	0.5325	0.572
B	2	1.8	6	7.13	6.57	0.0001	0.8667	1	0.5325	0.714
B	3	1.8	6	7.67	5.86	0.0001	0.8667	1	0.6675	0.572
…	…	…	…	…	…	…	…	…	…	…

（4）较优参数集合群聚类分析。

较优参数集合群聚类分析的目的是取各标准样本较优参数集合群的"交集"，此时的"交集"驾驶行为参数集则可认为较适应于所有标准样本，以便进入下一步交通冲突校正。实现方法是对较优参数集群（偏差小于0.1）采用分层聚类分析中的个体聚类。

分层聚类又称系统聚类，是聚类分析应用中最为广泛的一种方法，其基本原理是：首先将一定数量的个体（或指标）各自看成一类，然后根据个体（或指标）的亲疏程度，将亲疏程度最高的两类进行合并，然后考虑合并后的类与其他类之间的亲疏程度，进行合并，重复这一过程，直到将所有的个体（或指标）合并到一类为止。分层聚类又分为Q型聚类和R型聚类两种：Q型聚类是对个体进行聚类，使具有相似特征的样本聚集在一起，使差异性大的样本分离开来；R型聚类则是对变量聚类[26]。本书聚类分析目的的实现需要用Q型聚类，统计分析软件SPSS 19可实现该功能。

在聚类分析前，需要对每个变量（即CC1、CC2、CC3、自车最大减速度）进行标准化处理，所用的方法为0－1标准化$\left(\frac{\text{原数值}-\text{最小值}}{\text{最大值}-\text{最小值}}\right)$，标准化结果见表7-6。

经过SPSS聚类分析，可获得分层聚类树状图，由此图即可展现所有个体逐渐聚为1类的过程中，各个体合并的顺序，从中选取包含各个校正样本的、类间距最小的一类，树状图目标聚类截图如图7-9所示。由图可见，该类覆盖了A、

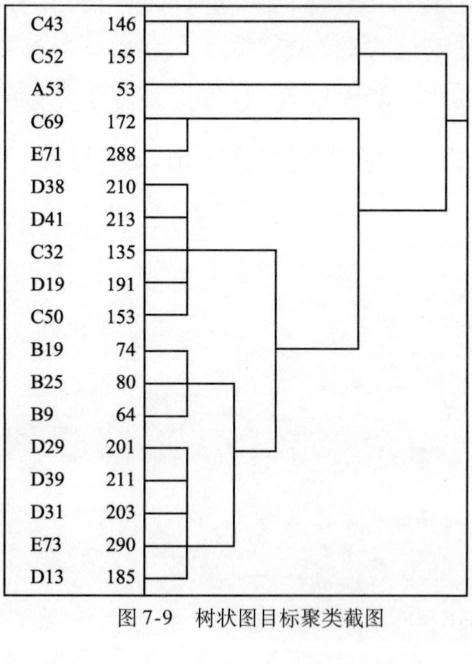

图7-9　树状图目标聚类截图

B、C、D、E 各标准样本,其中字母后的数字如"C43"中"43"代表 C 标准样本中的第 43 个体(参数集)。此时,图中所示的 18 个参数集即进入了下一步——交通冲突校正,见表 7-7。

进入交通冲突校正参数集　　表 7-7

编　号	个　体	CC1	CC2	CC3	自车最大减速度	偏　差
C	42	1.5	4.13	8.2	3.71	0.0246
C	50	1.5	3.6	7.67	5.14	0.0301
C	69	1.2	2.8	8.2	5.14	0.0947
E	73	1.5	3.33	6.6	5.14	0.0945
B	9	1.8	3.87	7.13	5.86	0.0007
B	19	1.8	3.6	7.13	5.86	0.0017
B	25	1.8	3.33	7.13	5.86	0.0046
C	32	1.6	3.6	7.67	5.86	0.0145
D	13	1.5	3.87	6.87	5.86	0.0013
D	19	1.5	3.87	7.93	5.86	0.0023
D	29	1.5	3.07	6.6	5.86	0.0055
D	31	1.6	3.33	6.87	5.86	0.0091
D	38	1.5	3.07	7.67	5.86	0.0245
D	39	1.5	3.33	6.6	5.86	0.0254
D	41	1.5	3.33	7.67	5.86	0.0262
E	71	1.2	3.07	7.93	5.86	0.043
C	52	1.6	2	8.2	6.57	0.0319
A	53	1.9	3.07	7.4	7.29	0.0846

(5)交通冲突校正。

将表 7-7 中各参数集分别再次应用于校正样本 A、B、C、D、E 以及检验样本 X 的 VISSIM 仿真模型(输入各样本的流量流向、交通组成),每次仿真均输出 trj 文件与行程时间文件,所有样本的 trj 文件用于输入 SSAM 进行交通冲突分析,样本 X 的行程时间文件用于检验交通流校正成效。以样本 X 为例说明校正过程,其结果见表 7-8。

值得注意的是,通过 SSAM 仿真获取的 *RI* 值远比调查值要低,经过研究 SSAM 模型验证最终报告[1]发现,SSAM 关于交通冲突 TTC 的算法是沿着仿真车辆的运行轨迹,算出在未来时刻按当前速度运行指定时间(TTC,并逐渐减小迭代)该车可能出现的位置,若与其他车辆重叠则发生冲突,则记录最小的 TTC 值。由此可见,SSAM 并不能反映部分以紧急转向为避让行为的交通冲突,若车辆紧急转向,使得两车轨迹(未来)不再相交,则两车从紧急转向时间开始,在该范围内不可能算出交通冲突 TTC 值。这也就是调查侧击交通冲突较之仿真侧击冲突明显多的原因。考虑到调查的侧击交通冲突关于阈值、严重程度的确定基本不受此影响,仿真获取的侧击冲突阈值确定、严重程度确定可继续沿用，且用于交通安全评价均使用 SSAM 标准亦在逻辑上可行，故本次校正仅选用追尾冲突的 RI 进行校正，即 $RI_{追尾}=(R_A\times 0.62+R_B\times 0.38)\times 0.54$，见表 7-8。注意到，随后基于仿真的交通冲突建模使用的均是 SSAM 关于交通冲突的算法标准。

检验样本 X 的各参数集 *RI* 偏差结果 表 7-8

编号	仿真值	调查值	行程时间偏差	RI 调查值	RI 仿真值	$RI_{追尾}$ 调查值	$RI_{追尾}$ 仿真值	RI 偏差	$RI_{追尾}$ 偏差	默认参数 $RI_{追尾}$ 仿真值	默认参数仿真偏差
A53	10.9	11	0.00	16.70	4.73	4.63	2.97	8.58	0.59	2.97	0.59
B19	10.6	11	0.01	16.70	5.33	4.63	2.58	7.74	0.91		
B25	10.6	11	0.01	16.70	4.96	4.63	2.81	8.25	0.71		
B9	10.8	11	0.00	16.70	6.19	4.63	3.52	6.62	0.27		
C32	10.3	11	0.04	16.70	6.08	4.63	4.02	6.75	0.08		
C42	10.1	11	0.07	16.70	4.36	4.63	2.84	9.12	0.69		
C50	10.1	11	0.07	16.70	4.35	4.63	2.30	9.14	1.17		
C52	10.1	11	0.07	16.70	3.74	4.63	2.43	10.06	1.04		
C69	9.7	11	0.15	16.70	3.30	4.63	2.61	10.75	0.88		
D13	10.2	11	0.06	16.70	4.18	4.63	2.57	9.39	0.92		
D19	10.2	11	0.06	16.70	4.38	4.63	2.71	9.09	0.79		
D29	10.2	11	0.06	16.70	4.47	4.63	3.19	8.95	0.45		
D31	10.2	11	0.06	16.70	4.70	4.63	3.18	8.62	0.46		
D38	10.2	11	0.06	16.70	4.32	4.63	2.51	9.17	0.97		
D39	10.2	11	0.06	16.70	4.40	4.63	3.11	9.06	0.50		
D41	10.2	11	0.06	16.70	4.10	4.63	2.57	9.51	0.92		
E71	9.8	11	0.13	16.70	4.16	4.63	3.46	9.42	0.30		
E73	10.2	11	0.06	16.70	4.02	4.63	2.81	9.63	0.71		

由表 7-8 可知，$RI_{追尾}$偏差最小的驾驶行为参数集为 C32，偏差为 0.08，相对误差$\left(\frac{|仿真值-调查值|}{调查值}\right)$为 13.1%，行程时间偏差为 0.04，相对误差为 6.4%，基本满足要求。而计算样本 A、B、C、D、E、X 的 $RI_{追尾}$平均相对误差，C32 的 $RI_{追尾}$平均相对误差为 13.7%也是所有进入仿真的参数集中最小的，故 C32 为最优参数集。

用 VISSIM 默认驾驶行为参数集进行仿真，得到样本 X 的 $RI_{追尾}$偏差为 0.59，相对误差为 35.8%（所有样本平均相对误差 29.3%），由此可见，校正效果较为显著。

因此，本研究 VISSIM 仿真应用的驾驶行为参数集为 C32，其参数分别为：CC1——1.6，CC2——3.6，CC3——7.67，自车最大减速度——5.86，其余参数用 VISSIM 默认值。

7.3.3　参数标定结果

(1)参数标定评价方法。

VISSIM 可以输出多种评价指标,用户可以通过在路段上设置采集器的方式,在仿真过程中以文件形式输出。VISSIM 提供三种采集器类型,包括数据采集器、旅行时间采集器及排队检测器。导出的评价文件包括进入和离开路网的车辆数、地点车辆速度、路段旅行时间、排队长度、换道次数、路段平均速度以及密度等。根据研究内容和路段或交叉口形式,用户可以选取合适的评价指标,并通过"评价-文件"对话框导出所需评价文件。

本书选取平均旅行时间以及交通冲突数作为仿真参数校正的评价指标。平均旅行时间可以通过在路段上设置时间采集器得到结果,交通冲突数可以通过 VISSIM 导出的车辆轨迹文件,用 SSAM 软件分析得到交通冲突数。平均旅行时间作为第一阶段校核指标,作为参数标定算法中的目标函数的变量。交通冲突数作为第二阶段校核指标,用于评价仿真结果与实际调查得到的冲突数之间差异。

采用旅行时间的误差平方和作为参数优化算法的适应度函数,其计算见公式(7-2):

$$F_T = \sum_i^n \left(\frac{t_i^s - t^r}{t^r} \right)^2 \tag{7-2}$$

式中:F_T——旅行时间校正精确指标;

i——旅行时间采集时间段编号;

t_i^s——第 i 时间段的仿真车辆平均旅行时间;

t^r——实际调查路段平均旅行时间。

VISSIM 仿真出的交通冲突结果能否与实际情况相一致,需要通过误差计算能否满足要求。本书采用平均绝对百分误差(MAPE)计算仿真值与实际值之间的误差,计算公式如下:

$$\text{MAPE} = \frac{1}{n} \sum_i^n \left| \frac{C_i^r - C_i^s}{C_i^r} \right| \tag{7-3}$$

式中:i——调查视频的编号或者与之对应的仿真模型编号;

C_i^r——实际调查的第 i 组交通冲突数;

C_i^s——微观仿真得到的第 i 组交通冲突数。

参数标定是一个优中取优的问题。在标定过程中,参数应保持在合理的范围内,同时仿真的旅行时间和交通冲突与实际调查结果也应保持在一定的误差范围内。本书将互通立交分为交织区、合流区、分流区三个部分分别进行仿真标定,并根据标定结果进行有效性验证。

(2)参数标定结果。

①交织区。交织区驾驶行为参数标定结果如图 7-10 和图 7-11 所示。

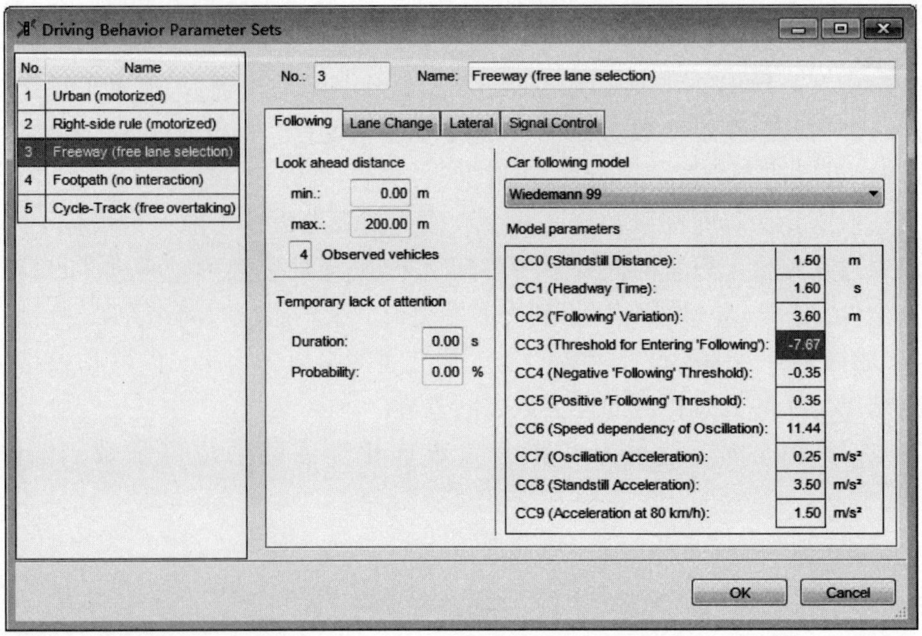

图 7-10 交织区跟驰模型仿真参数设定

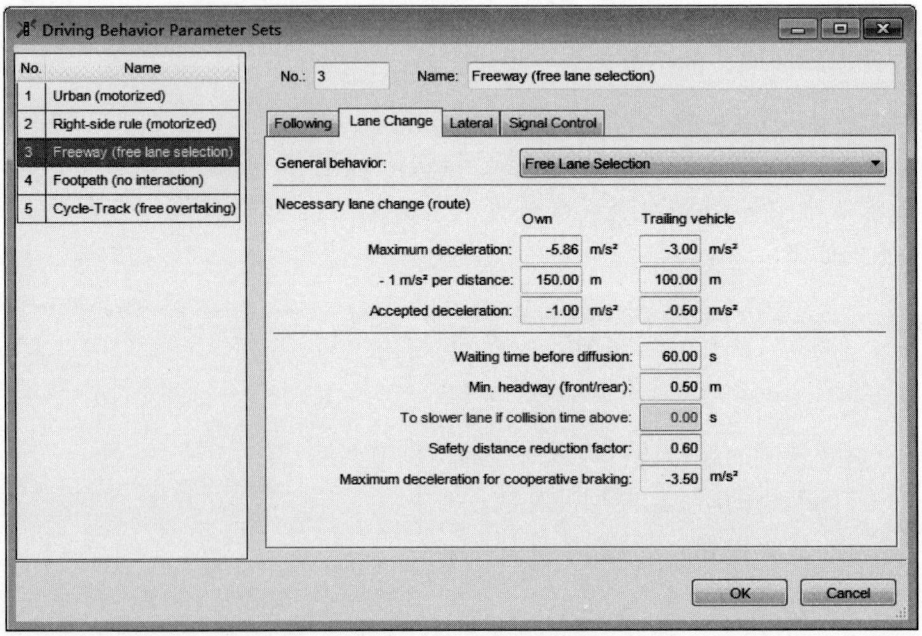

图 7-11 交织区换道模型仿真参数设定

用实际调查数据对仿真模型进行有效性检验,发现仿真与实际调查的旅行时间相对误差百分比为1.648%,冲突数相对误差百分比为9.69%,见表7-9。因此,仿真满足数据误差要求,认为此驾驶模型参数能够较好地模拟交织区实际情况。

交织区仿真与调查相对误差　表7-9

实验组	TT_r	TT_s	$MAPE_{tt}$	TC_r	TC_s	$MAPE_{tc}$
1	11.2	11.4	1.786%	67	57	14.93%
2	10.93	11	0.640%	42	39	7.14%
3	11.3	11.2	0.885%	64	58	9.38%
4	11.49	11.1	3.394%	77	68	11.69%
5	12.39	12.2	1.533%	94	89	5.32%
平均值	11.462	11.38	1.648%	68.8	62.2	9.69%

注:TT_r 为实际调查旅行时间,TT_s 为仿真旅行时间,TC_r 为实际调查冲突数,以不变的冲突率转为单位小时的冲突数。TC_s 为单位小时仿真冲突数,$MAPE_{tt}$为旅行时间相对误差百分比,$MAPE_{tc}$为冲突数相对误差百分比。

②合流区。合流区驾驶行为参数标定结果如图7-12和图7-13所示。

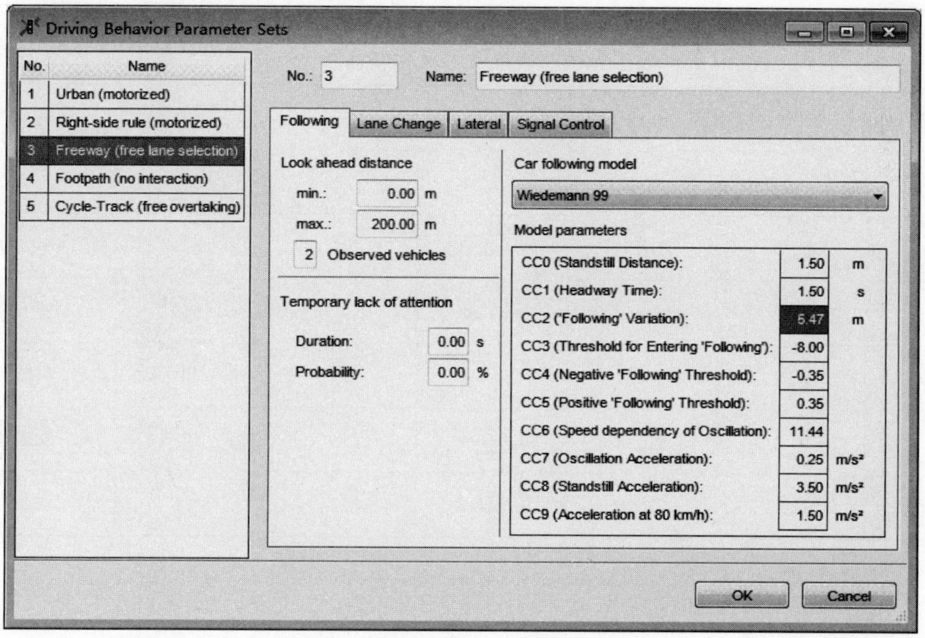

图7-12　合流区跟驰模型仿真参数设定

用实际调查数据对合流区仿真模型进行有效性检验,发现仿真模型与实际调查的旅行时间的相对误差为3.141%,冲突数的相对误差为12.032%,见表7-10。因此,仿真数据在误差要求范围内,认为此驾驶行为参数能较好地仿真合流区实际情况。

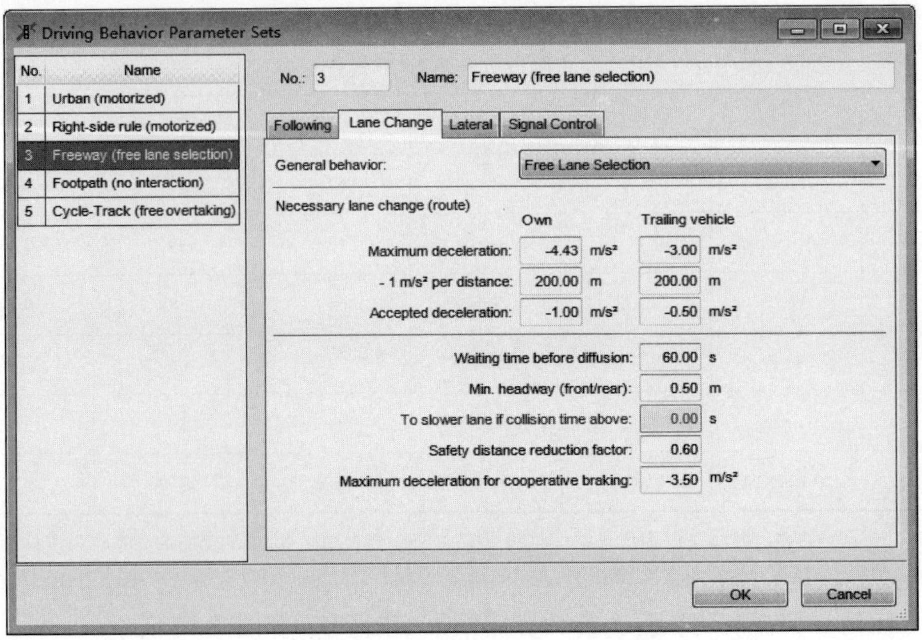

图 7-13　合流区换道模型仿真参数标定

合流区仿真与调查相对误差　　表 7-10

实验组	TT_r	TT_s	$MAPE_{tt}$	TC_r	TC_s	$MAPE_{tc}$
1	11.4	11.2	1.754%	72	65	9.722%
2	10.3	10.5	1.942%	94	85	9.574%
3	10.8	11	1.852%	35	41	17.143%
4	9.6	10.1	5.208%	35	40	14.286%
5	10.1	10.6	4.950%	53	58	9.434%
平均值	10.44	10.68	3.141%	57.8	57.8	12.032%

注:TT_r 为实际调查旅行时间,TT_s 为仿真旅行时间,TC_r 为实际调查冲突数,以不变的冲突率转为单位小时的冲突数。TC_s 为单位小时仿真冲突数,$MAPE_{tt}$为旅行时间相对误差百分比,$MAPE_{tc}$为冲突数相对误差百分比。

③分流区。分流区驾驶行为参数标定结果如图 7-14 和图 7-15 所示。

用实际调查数据对分流区仿真模型进行有效性检验,发现仿真模型与实际调查的旅行时间的相对误差为 3.25%,冲突数的相对误差为 10.65%,见表 7-11。因此,仿真数据在误差要求范围内,认为此驾驶行为参数能较好地仿真分流区实际情况。

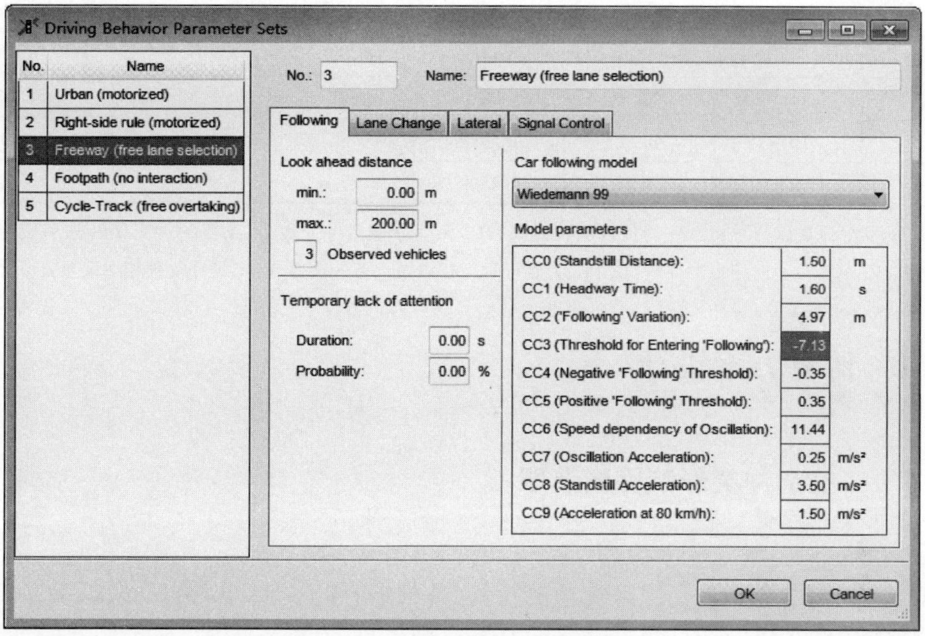

图 7-14　分流区跟驰模型仿真参数设定

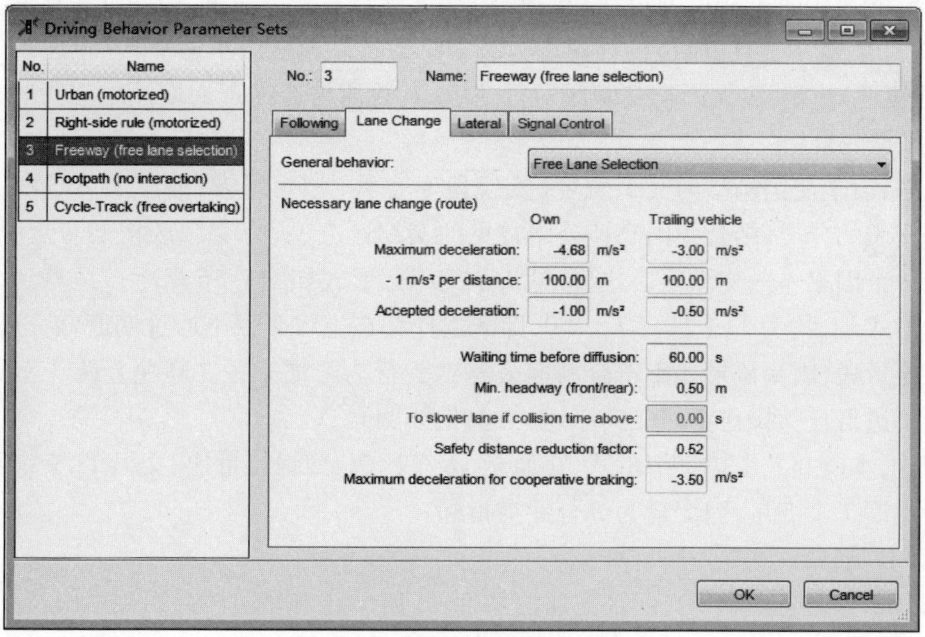

图 7-15　分流区换道模型仿真参数设定

分流区仿真与调查相对误差　　表 7-11

实验组	TT_r	TT_s	$MAPE_{tt}$	TC_r	TC_s	$MAPE_{tc}$
1	12.3	12.6	2.44%	104	116	11.54%
2	12.6	12.9	2.38%	87	75	13.79%
3	11.5	11.3	1.74%	98	91	7.14%

续上表

实验组	TT_r	TT_s	$MAPE_{tt}$	TC_r	TC_s	$MAPE_{tc}$
4	11.8	12.4	5.08%	93	82	11.83%
5	10.9	11.4	4.59%	56	61	8.93%
平均值	11.82	12.12	3.25%	87.6	85	10.65%

注：TT_r 为实际调查旅行时间，TT_s 为仿真旅行时间，TC_r 为实际调查冲突数，以不变的冲突率转为单位小时的冲突数。TC_s 为单位小时仿真冲突数，$MAPE_{tt}$为旅行时间相对误差百分比，$MAPE_{tc}$为冲突数相对误差百分比。

7.4 仿真方案设计

7.4.1 交通冲突影响因素选取

(1)交织区。

结合3.5.1与3.6.1交织区交通流特性、几何设计与交通冲突的关系以及5.2交织区交通流特征分析，同时根据指标选取的实用性、独立性、全面性原则，各指标选取如下：交通量veh/h/ln(平均每车道交通量)、交通组成(大车比例)、交织流量比V_R、交织比V_r、交织构型、交织长度、交织宽度、匝道设计速度。其中匝道设计速度由匝道形式(直连式、半直连式、环形匝道)决定，极大影响交织区运行速度，且数值易通过查询设计规范获取，故为较理想的模型变量。

此外，由于交织构型与交织宽度(交织段车道数)相互影响，故参照HCM2010中关于单侧交织的分类，结合我国高速公路常见的交织区类型，将交织区构型与交织区宽度合并为一个因素——交织区形式，常见8个交织区形式如图7-16所示。注意到，本研究选取的形式L_{FR}均为1，未选择$L_{FR}=0$，即未选择存在主线车辆不通过变道就可进入匝道的交织区形式，因为该形式不符合高速公路驾驶行为习惯——在高速公路一车道行驶，驾驶人不进行任何操作竟然驶向匝道(或其他线路)。

因此，本研究共考虑交织形式、交通量、大车比例、交织流量比、交织比、交织长度、匝道设计速度7个变量，因变量为综合冲突指标。

(2)合流区。

结合2.5.2与2.6.2交织区交通流特性、几何设计与交通冲突的关系以及4.3合流区交通流特征分析，同时考虑到对于合流区，一般高速公路互通立交合流区主线上的车辆运行速度较高，而匝道上的车辆速度则相对较低，且合流车辆在进入主线前需找寻可穿越间隙，故合流车辆的驶入容易造成主线车辆运行速度的减速，因此顾及合流区独特运行特征，根据指标选取的实用性、独立性、全面性原则，各指标选取如下：交通量、交通组成(大车比例)、匝道主线运行速度差(可用设计速度差代替)、车头时距、合流比(合流车辆占总的合流区交通量的比值)。其中匝道主线运行速度差由匝道形式(直连式、半直连式、环形匝道）与主线设计速度决定，该指标极大影响合流区运行速度，且数值易通过查询设计规范获取，故为较理想的模型变量，而车头时距是指高速公路同一车道前后行驶的车辆在经过同一断面的时间差，其直接反映了前后车辆在时间上的接近程度。车头时距与 TTC 存在很强的正相关性，即 TTC 随着车头时距的减小而越来越小，车头时距越小，发生交通冲突的概率也就越大[28]。该指标在应用时易通过调查获取，而在仿真建模时主要通过设置不同长度的加速车道研究车头时距与交通冲突之间的关系。

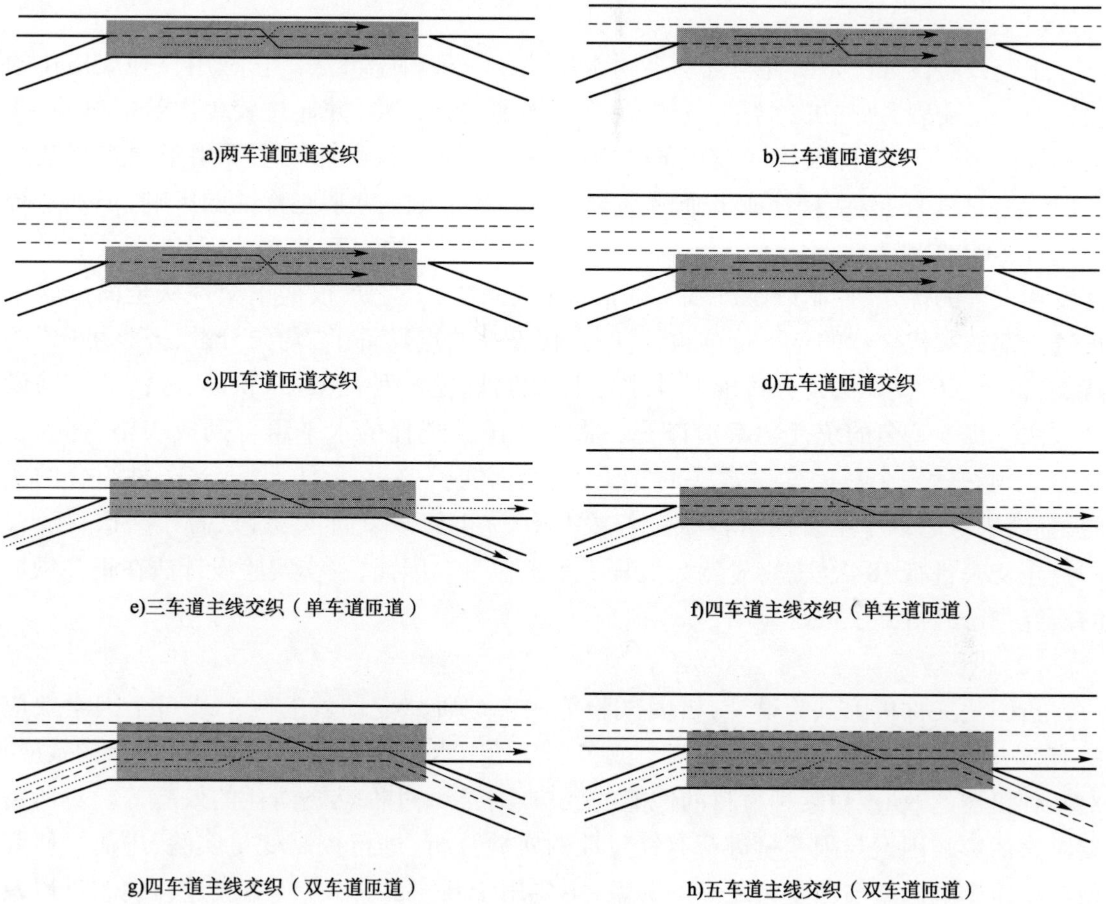

图 7-16　常见的 8 种交织形式

（3）分流区。

结合交织区交通流特性、几何设计与交通冲突的关系以及分流区交通流特征分析，同时考虑到对于分流区，分流车辆在到达分流区之前就要开始减速，而减速车道的长度将影响分流车辆减速时机以及在变道进入减速车道后的变速情况，因此与合流区变速车道长度主要以车头时距（可接受间隙）为影响体现不同，分流区应直接选取减速车道长度指标作为模型自变量。因此，根据指标选取的实用性、独立性、全面性原则，各指标选取如下：交通量、交通组成（大车比例）、减速车道长度、匝道半径（匝道设计速度）、分流比（分流车辆占总的分流区交通量的比值）。匝道半径与交织区、合流区考虑指标匝道设计速度、匝道主线运行速度差一致，均可通过查询设计规范直接获取，只是考虑到不同功能区模型建立以及参数拟合的便捷，采取了不同形式。

7.4.2 实验设计方法

7.4.2.1 实验设计方法简介

常见的实验设计方法可分为两类，即正交实验设计法和析因法。

(1)正交实验设计法。

正交试验设计法是研究与处理多因素试验的一种科学方法。它利用一种规格化的表格——正交表，挑选试验条件，安排试验计划和进行试验，并通过较少次数的试验，找出较好的生产条件，即最优或较优的试验方案。正交试验设计法主要用于调查复杂系统(产品、过程)的某些特性或多个因素对系统(产品、过程)某些特性的影响，识别系统中更有影响的因素、其影响的大小以及因素间可能存在的相互关系，以促进产品的设计开发和过程的优化、控制或改进现有的产品(或系统)。它是根据正交性从全面试验中挑选出部分有代表性的点进行试验，这些有代表性的点具备了"均匀分散，齐整可比"的特点，正交试验设计法是分式析因设计的主要方法，是一种高效率、快速、经济的实验设计方法。日本著名的统计学家田口玄一将正交试验选择的水平组合列成表格，称为正交表。例如做一个三因素三水平的实验，按全面实验要求，须进行 $3^3=27$ 种组合的实验，且尚未考虑每一组合的重复数。若按 $L_9(3^3)$ 正交表安排实验，只需作 9 次，按 $L_{18}(3^7)$ 正交表进行 18 次实验，显然大大减少了工作量。因而，正交实验设计法在很多领域的研究中已经得到了广泛应用。

(2)析因法。

析因法又称析因试验设计、析因试验等。它是研究变动着的两个或多个因素效应的有效方法。许多试验要求考察两个或多个变动因素的效应，例如，对产品质量的效应、对某种机器的效应、对某种材料的性能的效应、对某一过程燃烧消耗的效应等。对所需要考察的影响因素与因变量进行有针对性的实验分析，进行控制变量实验，进而可研究得出特定影响因素与因变量之间的关系，主要用于新产品开发、产品或过程的改进以及安装服务，通过较少次数的试验，找到优质、高产、低耗的因素组合，达到改进的目的。本研究采取的控制变量法，属于析因法这一类。

7.4.2.2 仿真实验设计

(1)交织区。

本研究试图通过仿真来获取不同构造、多种交通条件下交通冲突的严重程度，并建立交织区 *RI/RIS* 预测模型。由于交织区交通流运行规律复杂，各影响因素在特定组合条件下与因变量——交通冲突指标的关系并非固定，因此应采用正交实验法，覆盖各变量取值范围。各变量均取 8 水平，若进行遍历实验，则一共需进行 $8^7=2097152$ 次实验，这显然是不现实的。为此，本研究采用正交实验法进行实验设计。

对于本研究 7 变量 8 水平的实验,可使用 $L_{64}(8^9)$ 正交表,其中几个数字含义为:需 64 次仿真实验完成至多 9 变量的 8 水平的正交实验。各变量水平取值如下。

①交织形式:如 6.4.1 所述,共取 8 种交织形式。

②交通量:参考调查交织区的每车道通行能力,取平均每车道最大交通量为 1100veh/ln/h,最小值取其 15% 值 165veh/ln/h,共取 8 值,步长 134veh/ln/h。

③大车比例:为全面分析各种大车比例影响,取最大值为 40%,最小值为 5%,步长 5%。

④交织流量比:由于各交织构型适用的交织比不同,若大范围取值则容易使部分条件下的交通需求大于通行能力导致拥堵,取范围 5% ~40%,步长 5%。

⑤交织比:交织比 $V_r = \frac{V_{w2}}{V_w}$,其最大值为 50%,最小值取 0,步长为 7.1%。

⑥交织长度:由于本研究主要着眼于互通立交交织区,故取范围上限取《HCM 手册》中最大交织长度表中的最小值约 600m,范围下限取值 100m,步长为 71m。

⑦匝道设计速度:按《互通立交设计细则》(JTGT D21-2014)[29]中关于匝道设计速度的取值范围,最小值为环形匝道 40km/h,最大值为直连式匝道上限 80km/h,步长 5.7km/h。

综上,各变量取值见表 7-12。

各变量取值编号及范围 表 7-12

取值编号	交织形式	交通量(veh/ln/h)	大车比例(%)	交织流量比(%)	交织比(%)	交织长度(m)	匝道设计速度(km/h)
1	a	165	5	5	0	100	40.0
2	b	299	10.0	10.0	7.1	171	45.7
3	c	433	15.0	15.0	14.2	242	51.4
4	d	567	20.0	20.0	21.3	313	57.1
5	e	701	25.0	25.0	28.4	384	62.8
6	f	835	30.0	30.0	35.5	455	68.5
7	g	969	35.0	35.0	42.6	526	74.2
8	h	1100	40.0	40.0	50	600	80.0

$L_{64}(8^9)$ 正交表见附录。

仿真示意图如图 7-17 所示。

图 7-17 交织区仿真示意图

(2)合流区。

合流区交通流运行规律相对于交织区较为简单,且正交实验法对各类构造物取相同的影响因素水平范围,因此存在特定的构造物形式无法取其可适应的最大影响因素范围的缺点。而控制变量法(属于析因法)可自由地调整、增加实验方法,有利于针对性地分析影响因素与交通冲突指标间的关系,同时也能获取足够用于模型参数拟合的样本。故合流区仿真实验设计采取控制变量法。

①道路条件。加速车道长度与匝道形式是互通立交合流区几何条件中的两个重要因素,为了保证合流车辆能及时汇入,同时考虑经济性,加速车道长度不宜过短,也不宜过长,匝道形式应根据主线功能、道路等级、用地条件综合确定。我国《公路立体交叉设计细则》(JTG/T D21—2014)[29]对互通立交设计的相关参数作了相应规定,见表7-13与表7-14。

加速车道各路段最小长度及最大渐变率[29] 表7-13

车道类型		主线设计速度(km/h)	加速段长度(m)	渐变段长度(m)	入口渐变率	辅助车道长度(m)	全长(m)
加速车道	单车道	120	230	90(180)	1/45	—	320(410)
		100	200	80(160)	1/40	—	280(360)
		80	180	70(160)	1/40	—	250(340)
		60	155	60(140)	1/35	—	215(295)
	双车道	120	400	180	1/45	400	980
		100	350	160	1/40	350	860
		80	310	150	1/37.5	300	760
		60	270	140	1/35	250	660

注:括号内数值为直接式单车道加速车道的渐变段长度或全长,平行式采用括号外的值。

互通立交匝道形式与设计速度[29] 表7-14

匝道类型		直连式		半直连式		环形匝道	
		标准型	变化型	内转弯式	外转弯式	标准型	变化型
一般型互通立交	设计速度(km/h)	40~60	30~40	—	40~60	30~40	30~40
枢纽型互通立交	设计速度(km/h)	60~80	50~60	60~80	40~60	40	40

a. 加速车道长度。由规范规定以及实地调查可知,我国加速车道多采用平行式单车道加速车道,因此主要以平行式单车道加速车道为研究对象。根据表7-13中各设计速度对应的加速车道最小长度,本次仿真过程中减速车道长度取值依次设定为250m、300m、350m、400m、450m。

b. 入口匝道形式。由于入口匝道形式的考虑主要是为获取其匝道设计速度,且在仿真中车辆的运行与匝道的几何形式无关,故涵盖规范中规定的几种匝道形式的设计速度:40km/h、50km/h、60km/h、70km/h、80km/h。

②交通条件。

a. 合流比的设定。根据实地调查的几个互通立交合流区交通组成可知，互通立交合流比分布在20%～25%之间，故将本次研究的合流比设定在50%以内，在仿真过程中将合流比依次设定为10%、15%、20%、25%、30%、35%、40%。

b. 交通量的取值范围。结合互通立交合流区的实际通行量以及道路的基本通行能力，考虑仿真不同服务水平下的交通流运行状况，因此输入交通量变化的范围为2000veh/h～5000veh/h。

c. 大车混入率的设定。根据我国高速公路的交通组成现状，大车混入率的平均值在28%左右，故将大车的组成比例设定在40%以内，在仿真过程中将交通流的大车混入率依次设定为10%、15%、20%、25%、30%、35%、40%。

为了尽可能地简化仿真过程，并保证能够真实地反应具有代表性的道路环境，仿真选取了几个主要指标实现对不同道路环境的构建，主要包括加速车道长度、匝道形式（设计速度）、交通量、合流比、大型车比例等，仿真参数的具体取值见表7-15。

道路条件和交通条件具体取值　　表7-15

类　别	参 数 项	取　值
道路条件	加速车道长度（m）	250、300、350、400、450
	匝道设计速度（km/h）	40、50、60、70、80
	主线车道数（车道）	单向三车道
	匝道车道数（车道）	单向单车道
	车道宽度（m）	3.75
交通条件	交通量（veh/h）	2000、2500、3000、3500、4000、4500、5000
	合流比（%）	10、15、20、25、30、35、40
	大型车比例（%）	10、15、20、25、30、35、40

仿真实验参数较多，且每个参数取值范围较大，本次仿真主要目的是为得出各个参数与交通冲突的关系并建模。如前所述，合流区仿真实验设计采用控制变量法。

仿真示意图如图7-18所示。

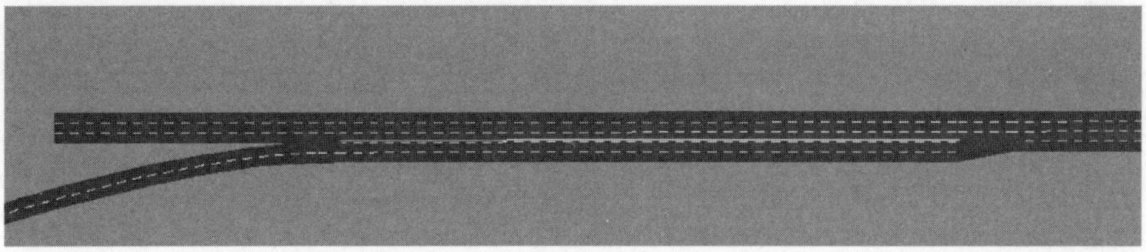

图7-18　合流区仿真示意图

（3）分流区。

分流区与合流区一样，交通流运行规律相对于交织区较为简单，同合流区关于正交实验法与析因法的特点与适应性论述一样，控制变量法（属于析因法）可自由地调整、增加实验方法,有利于针对性地分析影响因素与交通冲突指标间的关系,同时也能获取足够用于模型参数拟合的样本。故分流区仿真实验设计采取控制变量法。

①道路条件。减速车道长度与出口匝道半径是互通立交分流区几何线形设计中的两个重要参数,为了保证道路的行车安全性、服务水平以及考虑经济性,减速车道长度不宜过短,也不宜过长,匝道曲率半径也不宜过小。我国《公路立体交叉设计细则》(JTG/T D21—2014)[29]对互通立交设计的相关参数作了相应规定,见表7-16和表7-17。

减速车道各路段最小长度及最大渐变率[29] 表7-16

车道类型		主线设计速度(km/h)	减速段长度(m)	渐变段长度(m)	出口渐变率	辅助车道长度(m)	全长(m)
减速车道	单车道	120	145	100	1/25	—	245
		100	125	90	1/22.5	—	215
		80	110	80	1/20	—	190
		60	95	70	1/17.5	—	165
	双车道	120	225	90	1/22.5	300	615
		100	190	80	1/20	250	520
		80	170	70	1/17.5	200	440
		60	140	60	1/15	180	380

分流鼻端处出口匝道平曲线的最小曲率半径[29] 表7-17

主线设计速度(km/h)		120	100	80	60
匝道最小曲率半径(m)	一般值	350	300	250	200
	极限值	300	250	200	150

a.减速车道长度。由国内互通立交减速车道现状调查可知,我国减速车道多采用平行式单车道减速车道,因此本文主要以平行式单车道减速车道为研究对象。根据表7-16中各设计速度对应的减速车道最小长度,本次仿真过程中减速车道长度取值依次设定为200m、250m、300m、350m、400m。

b.出口匝道半径。国外研究表明,当平曲线半径大于400m时,对车辆行驶速度基本没有影响。所以,在仿真实验设计时,匝道曲线半径最大取400m。本次调查以东部平原地区互通立交为主,因此匝道最小曲率半径主要以主线设计速度120km/h和100km/h为主。根据表7-17中各设计速度的匝道最小半径取值,因此在仿真过程中分流鼻端出口匝道曲率半径取值依次设定为250m、300m、350m、400m。匝道车道数取单向单车道。

②交通条件。

a.分流比的设定。根据实地调查的几个互通立交分流区交通组成可知,互通立交分流比平均在25%左右,故将本次研究的分流比设定在50%以内,在仿真过程中将分流比依次设定为10%、15%、20%、25%、30%、35%、40%。

b.交通量的取值范围。结合互通立交分流区的实际通行量以及道路的基本通行能力，考虑仿真不同服务水平下的交通流运行状况，因此输入交通量变化的范围为 2000veh/h～5000veh/h。

c. 大车混入率的设定。根据我国高速公路的交通组成现状，大车混入率的平均值在 28%左右，故将大车的组成比例设定在 40%以内，在仿真过程中将交通流的大车混入率依次设定为 10%、15%、20%、25%、30%、35%、40%。

为了尽可能地简化仿真过程，并保证能够真实地反应具有代表性的道路环境，仿真选取了几个主要指标实现对不同道路环境的构建，主要包括减速车道长度、匝道半径、交通量、分流比、大型车比例等，仿真参数的具体取值见表 7-18。

道路条件和交通条件具体取值　　表 7-18

类　别	参 数 项	取　值
道路条件	匝道半径(m)	250、300、350、400
	减速车道长度(m)	200、250、300、350、400
	主线车道数(车道)	单向三车道
	匝道车道数(车道)	单向单车道
	车道宽度(m)	3.75
交通条件	交通量(veh/h)	2000、2500、3000、3500、4000、4500、5000
	分流比(%)	10、15、20、25、30、35、40
	大型车比例(%)	10、15、20、25、30、35、40

仿真实验参数较多，且每个参数取值范围较大，本次仿真主要目的为得出各个参数与交通冲突的关系并建模，如前所述，分流区仿真实验设计采用控制变量法。

仿真示意图如图 7-19 所示。

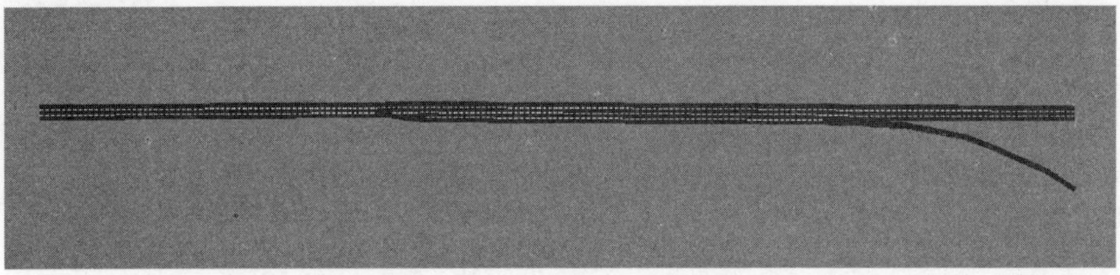

图 7-19　分流区仿真示意图

7.4.3　仿真设定

(1) 主导车型期望速度设定。

VISSIM 仿真中采用默认的 Car 与 HGV 模型分别代表小车与大车。高速公路设计速度一般在 100km/h 以上，而在互通立交区域，由于构造物相对复杂，期望速度理应稍微降低，本文研究取主线设计速度 100km/h。而文献[30]表明，在设计速度大于 100km/h 的路段，其运行速度一般比设计速度大 10km/h，借鉴文献[31]处理方式，将驾驶人分为冒进型和保守型两类，对于冒进型的驾驶人，行驶速度可能比 $V_{运行}$ 约大 5km/h；对于保守型驾驶人，行驶速度可能比设计速度小 5km/h。对于大车，由于其通常在外侧慢车道行驶，通常期望速度在 75km/h 左右。故仿真中分别取 Car 和 HGV 的目标期望运行速度范围分布为 95 ~ 115km/h 和 70 ~ 80km/h。而在匝道，则利用 VISSIM 的减速区域功能设置期望速度为匝道设计速度。

（2）仿真输出设定。

由于仿真主要为研究各变量与 *RI* 之间关系，所以主要输出为 trj 文件，此外变道行为与交通冲突有较为明显的关系，故应输出的文件至少还应包括车道变换 SPW 文件（行程时间 RSR 文件已经用于驾驶行为参数校正）。

第8章　交通冲突分析模型构建方法

8.1　引言

在分析了高速公路互通立交交通冲突的产生机理之后，进一步划分了互通立交交通冲突类型，判定了其严重性阈值程度及对应的严重性综合指标，为基于交通冲突的互通立交交通安全评价方法奠定了基础。

本章将分析互通立交交通安全的影响因素，以期能够建立基于交通冲突技术的可以分析交通安全的一般方法。互通立交区受构造物、交通量、交通组成和运行速度等因素影响，分析综合安全评价指标与各因素的相关性，建立各构造区的交通冲突分析模型。交织区以变道率表征交通流运行的受干扰程度为出发点，提出了“交通流-交通冲突指标 *RIS*”的两步交通冲突模型，并对模型进行了检验，发现拟合效果良好。基于正交仿真实验的交通冲突数据，对交通安全进行了分级，完成了基于交通冲突技术的交通安全评价方法的建立。合流区、分流区通过仿真结果分析不同交通流参数及道路几何设计指标与交通冲突关系，基于曲线回归及多元非线性回归分析方法，建立各类交通冲突回归模型；选取综合风险指数作为交通冲突的综合指标来进行评价，并应用安全服务水平的概念对互通立交入口和出口的安全状况进行分级。

8.2　交通冲突分析建模

为了分析交织区、合流区和分流区的交通冲突严重程度，分别建立分析模型。

8.2.1　交织区模型的构建

表征交通冲突危险程度的两个指标是 *RI*（包括严重冲突与轻微冲突）与 *RIS*（只包括严重冲突）。为了表明两个指标在表征交通安全水平和反映交通冲突与道路、交通条件内在规律方面的优劣，采用 BP 神经网络模型来进行检验。

神经网络模型是模拟人大脑工作机制的一种模型，而 BP 神经网络模型是其中应用较广的一类,它设定一定数量的神经元,通过一定算法,改变神经元之间连接的权重,使得自变量通过神经元函数输出的因变量与真值接近,并反复迭代直至误差稳定,以此实现对样本自变量与因变量间规律的学习。学习完毕的神经网络模型即可通过输入自变量来实现预测因变量的目的。一般来说,神经网络可以很好地拟合样本数据,但是其内在的模型用数学表达式描述往往非常复杂,且不总是有很强的逻辑关系(与数据类型与质量有关),对建立基于交通冲突的安全评价模型来说并不太适用。但是,本书通过 BP 神经网络模型,可以反映 *RI* 与 *RIS* 与各自变量之间的拟合优度,从而反映两个指标的优劣。

单个中间层 BP 神经网络模型结构如图 8-1 所示,单个中间层已能解决绝大多数问题。一般用 M(输入层个数)$\times P$(中间层个数)$\times N$(输出层个数)来描述模型,参数还包括输入层元素学习速率参数、平滑因子参数、训练控制误差等。本书使用的神经网络模型软件为东南大学胡伍生教授开发的"HU-NN"神经网络软件,具体参数的设置参考其专著[32],相应的模型亦可在 MATLAB 上实现。经过对神经网络模型的多次参数调试,分别选出输出为 *RI* 与 *RIS* 的相对较优模型。

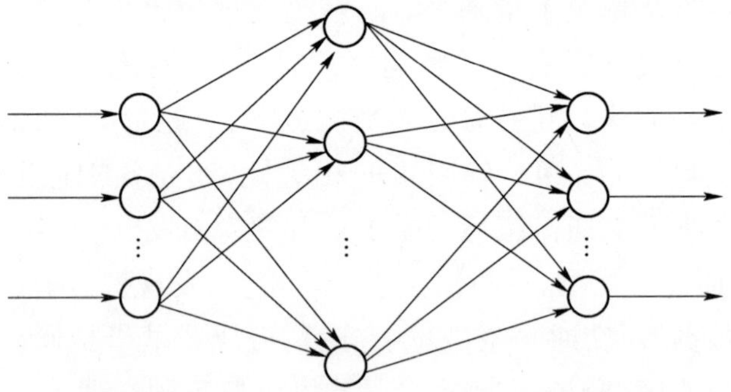

图 8-1　BP 神经网络模型结构

8.2.1.1　交织区指标的选取

仿真获取的 64 次实验数据,包括各变量取值,以及通过 VISSIM 中获取的变道次数、SSAM 中提取的 *RIS* 数据见附录。

(1)以 *RI* 为输出。

较优模型为 9(输入层)×25(中间层)×1(输出层)模型,9 输入分别为交织宽度、L_{CRF}、N_{WL}、交通量、大车比例、交织流量比、交织比、交织长度、匝道设计速度,即用交织宽度、L_{CRF}、N_{WL}三个指标来定量描述交织形式,其中由于高速公路交织区 L_{CRF}都为 1 所以不作为输入,输出为 *RI*。学习速率参数设置为 1.5、平滑因子参数 0.7、训练控制误差为 0.01。将正交实验 64 个样本随机打乱顺序,以 54 个样本为学习样本,10 个为检验样本,其残差图如图 8-2 所示,其学习样本平均误差为 16.56,检验样本平均误差为 212.33,可见学习样本拟合度较高,但检验样本误差过大。

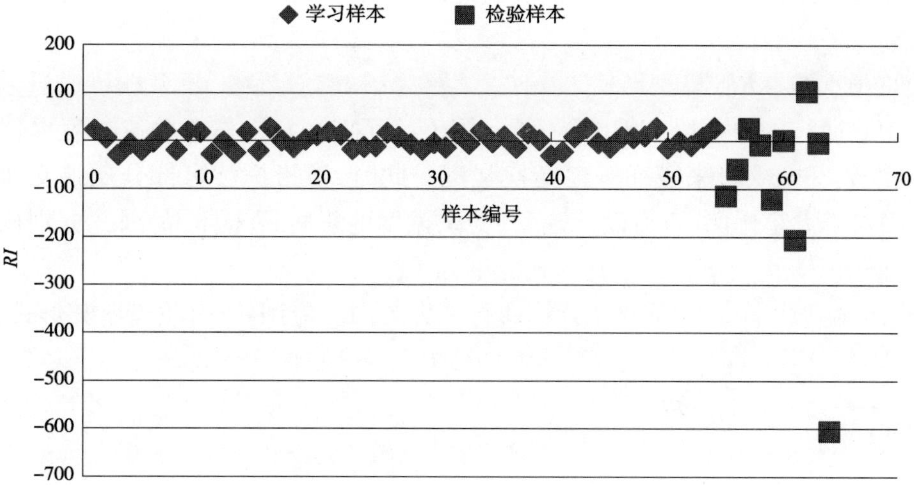

图 8-2　以 *RI* 为输出的 BP 神经网络残差图

(2)以 *RIS* 为输出。

与以上输入相同、输出为 *RIS*。经过调试,较优模型为 9 × 19 × 1 模型,学习速率参数1.5、平滑因子参数 0.7、训练控制误差为 0.01。同样将正交实验 64 个样本随机打乱顺序,以 54 个样本为学习样本,10 个为检验样本,其残差图如图 8-3 所示,其学习样本平均误差为 11.62,检验样本平均误差为 55.62,可见学习样本拟合度较高,检验样本误差也较之 *RI* 明显更优。

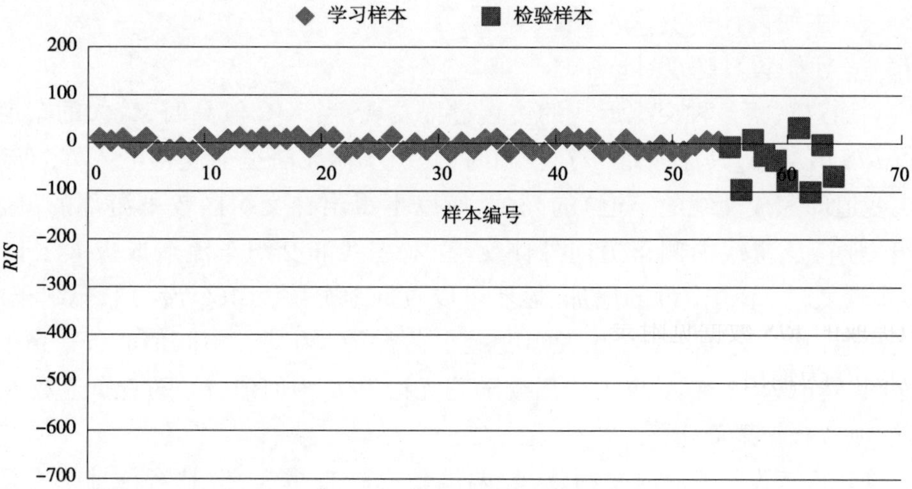

图 8-3　以 *RIS* 为输出的 BP 神经网络残差图

因此,本研究关于交通冲突安全分析模型的建立使用 *RIS* 指标。

8.2.1.2　*RIS* 建模

据《道路通行能力手册(2010)》可知,其关于交织区通行能力计算的核心,是通过变道率来反映交织强度,进而表征对交通流的干扰程度,而这种干扰显然不仅对通行能力产生影响,它对交通安全的影响也是明显的。由此很自然得联想至可构建以变道强度为主的*RIS*模型。

(1)变道次数 - *RIS* 模型形式。

与《道路通行能力手册(2010)》一致,用 $I_{LC}=LC_{ALL}/L_S$——即单位长度单位时间内车道变换次数(lc/m/h)来表征车道变换强度。此时,该指标已可部分反映交通强度的指标,然而对于大车比例、匝道设计速度、交织宽度的影响还未体现,因此分别构建3个影响系数函数——F_{HV}、$F_{\Delta V}$、F_N,其形式分别如下。

①F_{HV}。由于大车影响系数在计算通行能力方面已应用较广,故借鉴其形式,

$$F_{HV}=1+P_{HV}(E_{HV}-1) \tag{8-1}$$

式中:F_{HV}——大车影响系数;

P_{HV}——大车比例;

E_{HV}——参数,大车基于交通安全的当量系数,其值不像通行能力公式中确定,具体交通情况可能不同,通过回归分析得出。

②$F_{\Delta V}$。匝道设计速度的影响主要是其与主线速度差造成的,同样一次变道,不同速度差产生的交通安全影响也是不同的。根据正交分析结果,*RIS* 与 ΔV 的关系以幂函数为最优拟合,因此,

$$F_{\Delta V}=h(S_F-S_R)^k \tag{8-2}$$

式中:$F_{\Delta V}$——匝道速度影响系数;

h、k——参数,通过回归分析得出;

S_F——主线设计速度,km/h;

S_R——匝道设计速度,km/h。

③F_N。通过观察各种交织形式的仿真过程发现,当 V/C 较高时,较大的车道宽度并不会使得 *RIS* 值减小,其原因是 V/C 较高时,交织车辆无法提前获得汇入 N_{wl} 车道(至多只需一次变道即完成交织的车道)的间隙,所以不得出在交织区较下游部的位置(靠近出口匝道)强行从主线内侧车道向外侧变道,对主线非交织车流造成极大干扰,*RIS* 增大;而 V/C 较低时,车道宽度的增加,显然可以较好地分隔交织车流与非交织车流,使得同样一次变道,其对交通安全影响大幅度减小;当 V/C 为某一中间值时,F_N 介于上述两者影响之间,其值为1;当然,也可能出现随着无论 V/C 为何值,F_N 随着车道数 N 单调变化的情况,视拟合结果而定。

因此,F_N 的函数形式应该是抛物线,两端斜率越来越大,但其对称轴是有随着 V/C 变化的,所以,

$$F_N=a\left[\left(\frac{V}{C-\theta}\right)N-b\right]^2-ab^2+1 \tag{8-3}$$

式中:F_N——车道影响系数;

a、b——参数,通过回归分析得出;

V/C——交通量与通行能力之间的比值；

θ——参数，与 V/C、b 共同作用，决定交织宽度对 RIS 的影响，通过回归分析得出；

N——交织宽度，交织段内车道数量。

此时已可构建模型，然而，注意到即使评价对象交织区安全性能很高，RIS 也不可能出现负值，故需要对模型负值取 0，于是变道次数 - RIS 模型如下：

$$RIS = \frac{|I_{\mathrm{LC}} F_{\mathrm{HV}} F_{\Delta \mathrm{V}} F_{\mathrm{N}} + q| + I_{\mathrm{LC}} F_{\mathrm{HV}} F_{\Delta \mathrm{V}} F_{\mathrm{N}} + q}{2} \tag{8-4}$$

式中：RIS——严重冲突风险指数；

q——参数，通过回归分析得出；

其余变量同上所述。

(2)变道次数预测模型。

变道次数预测模型可借鉴《道路通行能力手册(2010)》的形式，将变道分为交织车流的变道与非交织车流的变道，其中非交织车流的变道非必要变道，交织车流的所有变道中亦包含非必要变道部分，其模型形式如公式(8-5)所示(由于大车比例因素已在变道次数 - RIS 模型中考虑，故公式中交通量单位均用 veh/h)：

$$LC_{\mathrm{ALL}} = LC_{\mathrm{MIN}} + a[(L_{\mathrm{S}} - \Theta)^{b} N^{c}] + dV_{\mathrm{NW}} + eL_{\mathrm{S}} + fN + g \tag{8-5}$$

式中：LC_{ALL}——每小时内总的变道次数，lc/h；

LC_{MIN}——交织车流最小的变道次数，veh/h；

L_{S}——交织长度，单位 m；

a、Θ、b、c、d、e、f、g——参数，通过回归分析得出；

N——交织宽度，即交织段车道数；

V_{NW}——非交织车流量，veh/h。

(3)模型的参数标定。

由前一节确定模型形式后，即可通过 SPSS 进行非线性回归拟合分析。对于表征交织构型的指标之一 N_{WL}(交织车流在其中可通过 1 次变道或不变道即完成交织运行的车道数)来说，其取值只可能为 2 或者 3。$N_{\mathrm{WL}}=2$ 与 $N_{\mathrm{WL}}=3$ 的交织构型的区别在于，存在不变道就可实现交织的车流，且当 $N_{\mathrm{WL}}=3$ 时，其主要交织车流所处的空间更大，其他影响因素对 RIS 的影响较之 $N_{\mathrm{WL}}=2$ 时要小，运行机理存在区别，因此可对两种情况分别进行非线性回归建模。

①$N_{\mathrm{WL}}=3$。从 $N_{\mathrm{WL}}=3$ 的数据中删除一行误差异常大的数据——62 号样本(VISSIM 仿真过程中有时存在交通量过大，车辆等待超过 60s 消失的警告)，剩余共 15 个样本，对其进行拟合分析。通过 SPSS 的 Levenberg-Marquardt(L)估计方法，通过多次试算各参数初值，最终得出各参数估计以及方差分析见表 8-1 与表 8-2。

$N_{WL}=3$ 模型参数估计　　表 8-1

参　数	估 计 值	参　数	估 计 值
E_{hv}	35.283	b	1065.909
k	-4.800	Θ	-535.960
h	52.982	q	0.418
a	0.065		

$N_{WL}=3$ 模型方差分析[a]　　表 8-2

方差来源	平方和	自由度	均方和
回归分析	121405.394	7	17343.628
残差	178.712	8	22.339
未校正总数	121584.106	15	
校正后总数	106567.129	14	

因变量:*RIS*

a. R square = 1 - Residul SS/corected SS = 0.998.(即,相关系数 R 的平方 = 1 - 残差平方和/离差平方和)

由表可见,拟合度 R^2 达到了 0.998,拟合效果很好,其模型值与仿真值对比图如图 8-4 所示。

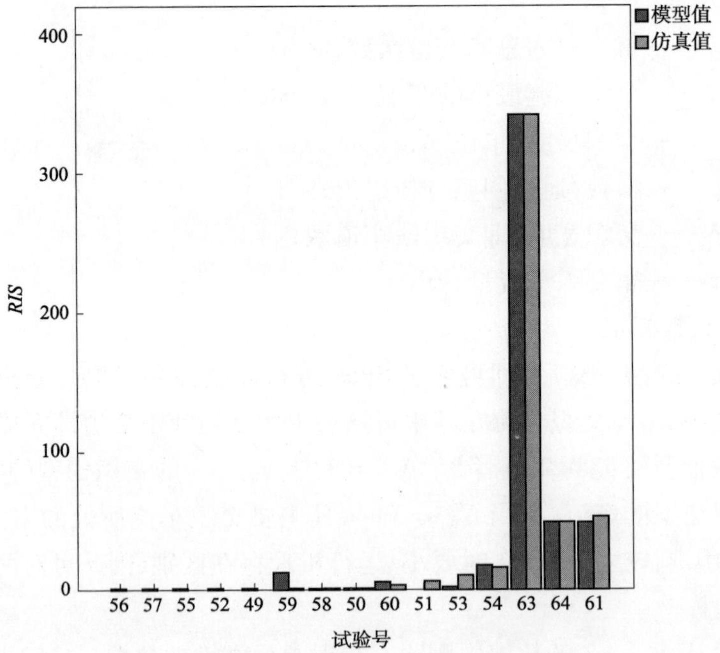

图 8-4　$N_{WL}=3$ 模型值与仿真值对比

其中,k 值拟合为 -4.8,解释是对于设计速度小的匝道(如环形匝道)在某种情形下,产生了降低整体车流速率,减少交通冲突发生的效果。

②$N_{WL}=2$。对于 $N_{WL}=2$ 的交织构型，由于其 N_{WL} 值较小，在较大交织车流或整体车流 V/C 较大的情况下，内侧车道交织车流可能来不及提前变道至交织车道，导致其规律与 V/C 较小时存在区别。经过数据观察，发现 $V/C=0.7$ 前后 *RIS* 表现规律明显不同，故以 $V/C=0.7$ 为界，对 $N_{WL}=2$ 的交织形式进行分段建模。

当 $V/C<0.7$ 时，同样，删除一些误差异常大，规律明显不同的数据（产生原因同上所述）6、21、30、46 号样本，共剩余 33 个样本。采用相同拟合方法，其结果见表 8-3 与表 8-4。

$N_{WL}=2(V/C<0.7)$ 模型参数估计　　表 8-3

参　数	估 计 值	参　数	估 计 值
E_{hv}	−19.161	b	2.756
h	0.318	Θ	0.564
k	−0.382	q	−23.221
a	23.440		

$N_{WL}=2(V/C<0.7)$ 模型方差分析[a]　　表 8-4

方差来源	平方和	自由度	均方和
回归分析	31285.552	7	4469.365
残差	809.892	26	31.150
未校正总数	32095.444	33	
校正后总数	29163.562	32	

因变量：*RIS*

a. R square = 1 − Residul SS/corected SS. = 0.972.

由表 8-4 可见，拟合度 R^2 达到了 0.972，拟合效果很好，其模型值与仿真值对比图如图 8-5 所示。

其中，E_{hv} 值拟合为负值，原因是该模型 F_N 项也常出现负值，两者抵消，同样表明大车比例增大，*RIS* 增大。且 V/C 较小的情况下，*RIS* 仿真较多出现 0 值，因此 E_{hv} 的负值使得部分较安全的评价对象其模型 *RIS* 值为 0（通过负数取 0 值实现）。

当 $V/C\geqslant0.7$ 时，删除数据为 32、22 号样本，剩余 9 个样本，拟合结果见表 8-5 与表 8-6。

$N_{WL}=2(V/C\geqslant0.7)$ 模型参数估计　　表 8-5

参　数	估 计 值	参　数	估 计 值
E_{hv}	−0.840	Θ	−0.814
k	−2.264	q	142.026
a	0.073	h	407124.384
b	4.220		

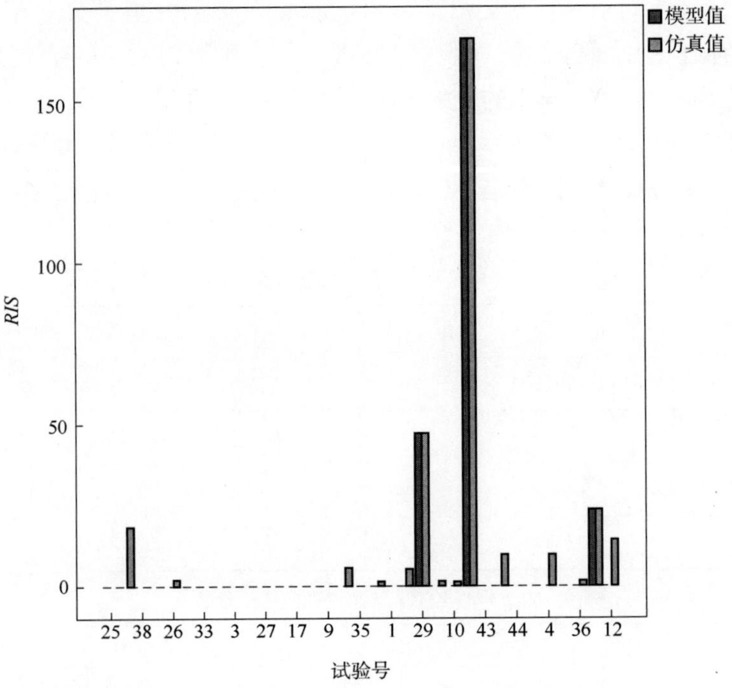

图 8-5 $N_{WL}=2(V/C<0.7)$模型值与仿真值对比

$N_{WL}=2(V/C\geq 0.7)$模型方差分析[a] 表 8-6

方差来源	平方和	自由度	均方和
回归分析	181603.230	7	25943.319
残差	4051.981	2	2025.990
未校正总数	185655.211	9	
校正后总数	69462.854	8	

因变量:*RIS*

a. R square = 1 - Residul SS/corected SS = 0.942.

由表可见,拟合度 R^2 达到了 0.942,拟合效果很好,其模型值与仿真值对比图如图 8-6 所示。

其中,E_{hv}、k 拟合均为负值,表明了在 V/C 较大的条件下,大车比例的提高、匝道设计速度与主线设计速度差值的增大并不会对本身已较为拥挤的车流造成负面安全影响,反而能起到一定“安全提醒”作用。

删除异常数据 31、32、61、63 号样本,剩余 60 个样本,使用变道次数预测模型形式,采用 SPSS 非线性拟合,结果见表 8-7 与表 8-8。

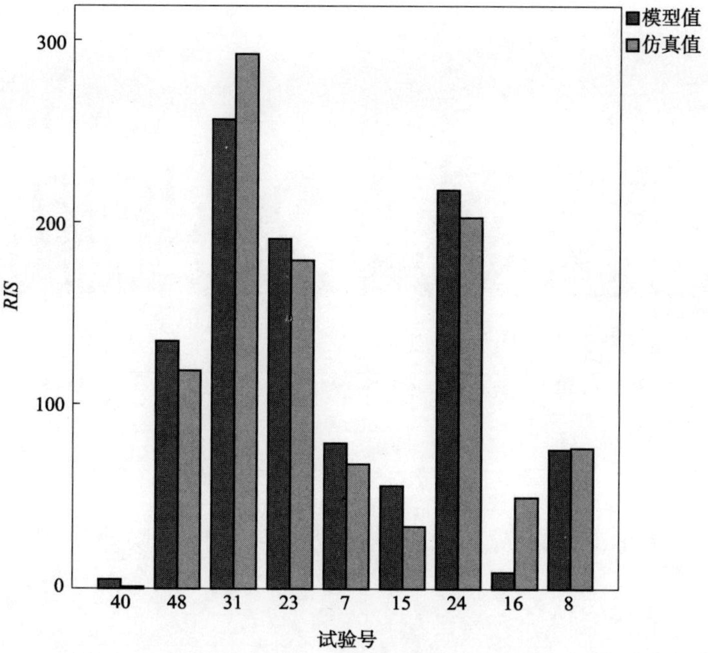

图 8-6 $N_{WL}=2(V/C\geqslant0.7)$模型值与仿真值对比

变道次数预测模型参数估计

表 8-7

参 数	估 计 值	参 数	估 计 值
a	0.002	d	1.255
Θ	99.999	e	-0.407
b	0.977	f	-272.895
c	5.271	g	164.993

变道次数预测模型方差分析[a]

表 8-8

方差来源	平方和	自由度	均方和
回归分析	5.168E8	8	64597045.323
残差	49911764.413	52	959841.623
未校正总数	5.667E8	60	
校正后总数	2.480E8	59	

因变量:Lc/h

a. R square = 1 - Residul SS/corected SS = 0.799.

由表可见,拟合度 R^2 达到了 0.799,拟合效果较好,其模型值与仿真值对比图如图 8-7 所示。

其中,各参数值与 HCM 2010 模型存在差异,这是由我国高速公路特定的道路交通条件以及驾驶人行为习惯决定的。

(4)模型总误差。

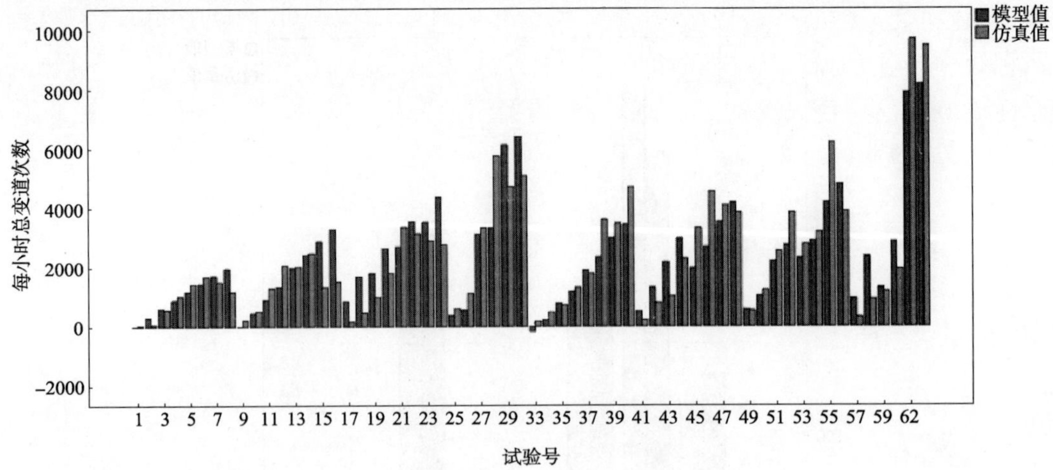

图 8-7　变道次数预测模型值与仿真值对比

计算两步模型总标准误差 $m=\sqrt{\frac{1}{n}\sum_{i=1}^{n}\delta_i^2}$（$\delta_i$ 为样本误差），得 $m=14.59$，模型值与仿真值对比以及残差如图 8-8 与图 8-9 所示。

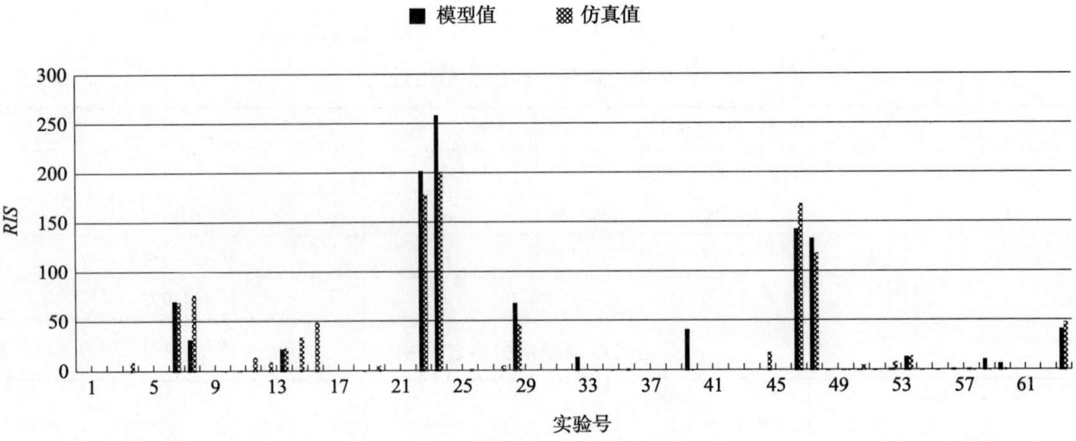

图 8-8　总模型值与仿真值对比

由图可见，总模型总体上拟合较为优良，但存在部分样本点误差较大情况。经过观察误差较大的数据发现，这些数据一般出现于现实中不太常见的极限情况，如 8 号样本，其为集散车道，每车道交通量较高达到 1100veh/h 且大车比例 40%，交织流量比为 0.4，交织比为 0.5，交织段异常拥堵，此时变道次数预测将不太准确，其 *RIS* 误差达到了 45.16。16、24、40 号等样本 *RIS* 误差绝对值超过 40 的样本基本都是这种情况。

8.2.2　分流区交通冲突模型构建

（1）指标的选取。

交通冲突分析模型是否合理很大程度上取决于表征指标的选取。若表征指标选取太多，在建立交通冲突分析模型时，表征指标之间可能会存在重复性，计算较烦琐；若表征指标太少，不能全面反映交通冲突与影响因素的关系，缺乏代表性。为了尽可能从众多指标中选取出有代表性的、灵敏的、便于计算的指标，本文在选取特征表征指标时遵循以下四个原则。

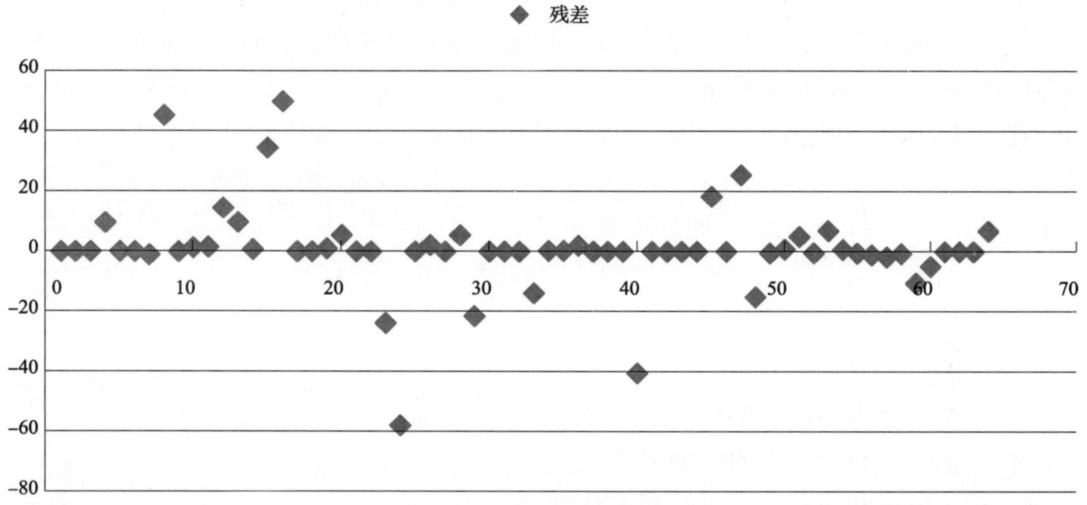

图 8-9　总模型残差

①客观性原则。尽量选取可以定量分析的客观性较强的交通流运行特征表征指标或几何特征表征指标，将主观性降至最低，同时，为保证表征指标数据的客观真实性，采集数据时应实事求是，这样才能真实地描绘出互通立交路段交通流运行的本质，交通安全评价结果才更合理、更可信。

②全面性原则。高速公路互通立交交通冲突的产生涉及的因素很多，单一因素只反映了系统的某一特性，因而指标体系要从多个角度出发，全面地反映高速公路互通立交交通冲突的情况和特征。

③实用性原则。实用性原则是指表征指标数据要易获取、易量化。在确保交通冲突分析模型结论全面、客观的情况下，尽可能简化，避免烦琐，这样表征指标才能在实际中易于被使用者接受。

④独立性原则。众多的表征指标之间有可能会存在一定的线性关系，通过计算可以相互转换，因此，选取表征指标时，尽可能选取相对独立的指标，指标间尽量不存在包含及线性关系，这样建立的分析模型会更科学、更准确。

通过交通冲突机理研究分析可知交通冲突产生的原因可以归结为人、车、交通流特性、道路几何设计和道路环境等几方面的共同作用。人的影响主要表现形式即为驾驶行为，驾驶行为除了受外界因素影响，更多是驾驶人自身原因，在相同道路环境下，不同驾驶人表现出的反应和行为也有所差别，这是不可控制因素，且随机性较大。因此本文从实用性和客观性出发，不选取人的因素作为交通冲突分析的指标。

下面主要从车、交通流特性、道路几何设计方面，分别选出有代表性的减速车道长度、交通量、分流比、大车混入率、匝道半径表征指标来作为分流区交通冲突分析模型指标。

(2)模型的构建。

上节对影响快速路交通冲突的主要因素进行了分析，本研究选取交通量、分流比、大车混入率、减速车道长度为自变量，以一般侧击冲突、一般追尾冲突、严重侧击冲突、严重追尾冲突为目标函数，采用单独分析与综合考虑的方法进行分流区交通冲突预测。

在上节的研究结论基础上，提出分流区交通冲突预测模型如公式(8-6)所示：

$$y = a_1 f_1(x_1) + a_2 f_2(x_2) + a_3 f_3(x_3) + a_4 f_4(x_4) \tag{8-6}$$

式中：　y——目标函数，交通冲突数，个；

x_1——交通量，veh/h；

x_2——减速车道长度，m；

x_3——分流比；

x_4——大车混入率；

f_1、f_2、…、f_4——相应因素的影响关系；

a_1、a_2、…、a_4——相应影响因素的相关系数。

(3)模型的标定。

首先采用单因素单独分析，并通过不同因素与交通冲突的相关性系数来确定各因素与交通冲突的关系，不同参数的相关性系数见表 8-9。

不同参数的相关性系数　　表 8-9

基本参数	函数关系	一般追尾	一般侧击	严重追尾	严重侧击
大车混入率	指数	0.87	0.96	0.74	0.71
	对数	0.59	0.55	0.67	0.63
	线形	0.72	0.69	0.88	0.71
	多项式	0.76	0.75	0.79	0.81
分流比	指数	0.76	0.78	0.69	0.78
	对数	0.78	0.57	0.64	0.64
	线形	0.88	0.73	0.66	0.77
	多项式	0.71	0.94	0.79	0.89
匝道半径	指数	0.59	0.51	0.58	0.76
	对数	0.71	0.63	0.70	0.72
	线形	0.59	0.51	0.85	0.79
	多项式	0.87	0.79	0.60	0.90
交通量	指数	0.95	0.76	0.88	0.85
	对数	0.49	0.53	0.36	0.49
	线形	0.49	0.70	0.53	0.64
	多项式	0.73	0.88	0.73	0.70
减速车道长度	指数	0.69	0.65	0.64	0.55
	对数	0.69	0.72	0.68	0.64
	线形	0.68	0.71	0.67	0.66
	多项式	0.82	0.85	0.81	0.78

由表 8-9 可知，减速车道长度、匝道半径、分流比与不同类型的交通冲突均采用多项式拟合有较好的相关性。此外，大车混入率与交通量采用指数函数拟合相关性最优。

选取仿真得到的数据作为预测数据，对四类冲突分别进行预测。

①一般追尾冲突。

$$y = a_1f_1(x_1) + a_2f_2(x_2) + a_3f_3(x_3) + a_4f_4(x_4) \tag{8-7}$$

式中：　y——目标函数，一般追尾冲突数，个；

x_1——交通量，veh/h；

x_2——减速车道长度，m；

x_3——分流比；

x_4——大车混入率；

f_1、f_2、⋯、f_4——相应因素的影响关系；

a_1、a_2、⋯、a_4——相应影响因素的相关系数。

通过控制变量法，经过一元回归分析，得到各因素的影响函数如公式(8-8)所示。

$$\begin{cases} f_1(x_1) = 0.015\mathrm{e}^{0.002x} \\ f_2(x_2) = 0.006x^2 - 4.869x + 1023.029 \\ f_3(x_3) = 365.714x - 19.143 \\ f_4(x_4) = 14.158\mathrm{e}^{6.061x} \end{cases} \tag{8-8}$$

以 5 维列向量 A 表示相关系数，即：

$$\mathrm{A} = [a_1, a_2, \cdots, a_5] \tag{8-9}$$

根据统计学的数学的相关知识和理论，经过多元非线性回归分析计算可得相关系数 A 如公式(8-10)所示。

$$\mathrm{A} = [1.745, 0.581, -3.868, 0.62, 2.148] \tag{8-10}$$

则有一般追尾冲突的预测模型(Y_1)，

$$\mathrm{Y}_1 = [1.745, 0.581, 0.62, 2.148].\begin{bmatrix} 0.015e^{0.002x} \\ 0.006x^2 - 4.869x + 1023.029 \\ 14.158e^{6.061x} \\ 365.714x - 19.143 \end{bmatrix} \tag{8-11}$$

②一般侧击冲突(Y_2)、严重追尾冲突(Y_3)与严重侧击冲突(Y_4)。

$$\mathrm{Y}_2 = [-0.049, -0.031, 0.282, 0.158].\begin{bmatrix} 0.00002x^2 - 0.9x + 107.143 \\ 0.03x^2 - 2.632x + 592.257 \\ 13.783e^{7.071x} \\ 3004.762x^2 - 621.667x + 59 \end{bmatrix} \tag{8-12}$$

$$Y_3 = [17.588, -0.686, 0.567, 0.641].\begin{bmatrix} 0.055e^{0.001x} \\ 0.001x^2 - 0.547x + 140.771 \\ 262.143x - 23.25 \\ 519.0485x^2 + 4.048x + 3.071 \end{bmatrix} \tag{8-13}$$

$$Y_4 = [0.231, 0.345, 0.835, 0.898].\begin{bmatrix} 0.024e0.002x \\ 0.001x^2 - 1.248x + 271.457 \\ -6889x^3 + 5181x^2 - 1002x + 68 \\ -2445x^3 + 1705x^2 - 220x + 23.5 \end{bmatrix} \tag{8-14}$$

(4)模型的验证。

取原始分流区某一时段调查数据对建立的模型进行验证,实际值与计算值及误差见表8-10。

交通冲突模型验证结果　　表8-10

冲突数	一般追尾冲突	一般侧击冲突	严重追尾冲突	严重侧击冲突
计算值	105	156	45	45
实际值	90	132	51	63
误差(%)	17.67	18.18	11.76	28.57

从模型验证结果可以看出,交通冲突预测模型具有一定的精度,一定程度上可以代替实际值。

(5)分流区评价指标的选取。

①以 *RI* 为输出。较优模型为5(输入层)×15(中间层)×1(输出层)模型,5输入分别为减速车道长度、分流比、匝道半径、交通量、大车比例,输出为 *RI*。学习速率参数设置为1.5、平滑因子参数为0.7、训练控制误差为0.01。将正交实验74个样本随机打乱顺序,以60个样本为学习样本,14个样本为检验样本,其学习样本平均误差为1.75,检验样本平均误差为95.66,可见学习样本拟合度较高,但检验样本误差过大。

②以 *RIS* 为输出。与以上输入相同,输出为RIS。经过调试,较优模型为5×12×1模型,学习速率参数设置为1.5、平滑因子参数为0.7、训练控制误差为0.01。同样将正交实验74个样本随机打乱顺序,以60个样本为学习样本,14个样本为检验样本,其学习样本平均误差为1.05,检验样本平均误差为32.12。可见学习样本拟合度较高,检验样本误差也较之 *RI* 明显更优。

因此,本研究——关于分流区交通冲突安全评价模型的建立,使用 *RIS* 指标。

8.2.3　合流区交通冲突模型构建

以下主要针对高速公路互通立交合流区的追尾冲突和侧击冲突进行预测,在通过相关性分析确定预测模型变量的基础上，分别构建高速公路立交合流区追尾冲突预测模型和变道冲突预测模型。

（1）预测模型变量的选择。

合流区中追尾冲突的产生同样也只涉及单车道上相互间的车辆，当前后相邻车辆的间隙相对较小，同时后车运行速度要大于前车运行速度，从而导致发生交通冲突的可能性。

根据之前对交通冲突影响因素的详细分析，选取初始自变量为：合流区当量交通量 Q，大型车比例 B，加速车道长度 L，合流车辆占总交通量的比例（合流比）M。对追尾冲突数和变道冲突数与上述 4 个变量利用 SPSS 统计软件进行相关性检验，检验结果见表 8-11。

互通立交合流区交通冲突影响因素相关性分析　表 8-11

冲突类型	相关性系数			
	交通量	大车比例	加速车道长度	合流比
追尾冲突	0.825	0.564	0.751	0.305
侧击冲突	0.852	0.575	0.608	0.759

由表 8-11 可以看出，除合流车辆占总交通量的比例（合流比）M 这个变量外，其余 3 个变量与追尾冲突数量具有明显显著的相关性；而上述 4 个变量都与侧击冲突数量具有明显显著的相关性；4 个自变量之间并没有显著的相关性。所以，高速公路互通立交合流区追尾冲突预测模型的自变量选取为：合流区当量交通量 Q，大型车混入率 B，加速车道长度 L；侧击冲突预测模型的自变量选取为：合流区当量交通量 Q，大型车混入率 B，加速车道长度 L，合流车辆占总交通量的比例（合流比）M。

（2）追尾冲突预测模型。

根据高速公路立交合流区追尾冲突预测模型初始自变量的相关性分析，在对高速公路立交合流区追尾冲突数据和交通流参数数据进行统计分析的基础上，构建了基于交通流参数的高速公路立交合流区追尾冲突预测模型如下：

$$f_{追尾冲突} = \exp(3.224 + 0.00554Q + 4.112B + 0.0545L) \tag{8-15}$$

式中：$f_{追尾冲突}$——不同交通运行状态下，追尾冲突发生次数预测值；

Q——合流区当量交通量，pch/h；

B——大型车比例；

L——加速车道长度，m。

（3）侧击冲突预测模型。

合流区中变道冲突的产生同样只涉及相邻车道间变换车道的车辆，当变换车道的车辆在到达目的车道的时刻，车辆前后近距离内存在正在行驶的车辆，当车辆间隙比较小时，就有导致发生交通冲突的可能性。

根据高速公路匝道合流区变道冲突预测模型初始自变量的相关性分析，在对高速公路立交合流区变道冲突数据和交通流参数数据进行统计分析的基础上，构建了基于交通流参数的高速公路立交合流区变道冲突预测模型如下：

$$f_{侧击冲突} = \exp(3.468 + 0.00498Q + 3.856B + 0.0568L + 2.724M) \quad (8\text{-}16)$$

式中：$f_{侧击冲突}$——不同交通运行状态下，侧击冲突发生次数预测值；

Q——合流区当量交通量，pcu/h；

B——大型车比例；

L——加速车道长度，m；

M——合流比。

(4)评价指标的选取。

合流区选取与交织区和分流区一致的评价指标 *RIS* 作为评价指标进行评价。利用神经网络，以交通量、大型车比例、加速车道长度、合流比为输入，输出为 *RIS*。经过调试，较优模型为 4×8×1 模型，学习速率参数为 1.5、平滑因子参数为 0.7、训练控制误差为 0.01。同样将正交实验 70 个样本随机打乱顺序，以 60 个样本为学习样本，10 个样本为检验样本，其学习样本平均误差为 1.16，检验样本平均误差为 27.12，可见学习样本拟合度较高。因此，*RIS* 指标可以较好地应用于合流区交通冲突安全评价模型。

8.3 交通安全评价方法

8.3.1 基于 *RIS* 的交通安全分级

为便于评价互通立交的交通安全水平，借鉴已有研究[13,33]以时均交通冲突数与时均当量交通量之比作为评价指标，本研究以 *RIS*/pcu 为依据，基于累计频率法进行交通安全分级，见公式(8-17)。

$$RIS/\text{pcu} = \frac{1000RIS}{V_{all}} \quad (8\text{-}17)$$

式中：V_{all}——总交通量，pcu/h；

RIS——综合冲突风险指数。

根据事故管理的金字塔理论，一起严重的事故背后有大量的轻微事故，而轻微事故背后则暗含更多数量的安全隐患。因此，本研究进行累计频率差异化分级，分别取 40%、70%、90% 三个百分位值(结果四舍五入为整数)，将交通安全等级划分为 A、B、C、D 四个等级，其交通安全风险依次增加。其累计频率分布图如图 8-10 所示，交通安全分级结果见表 8-12。

基于 *RIS*/pcu 的交通安全分级 表 8-12

分级	低风险	较低风险	中风险	高风险
	A	B	C	D
RIS/pcu 范围	0	(0,2]	(2,9]	>9

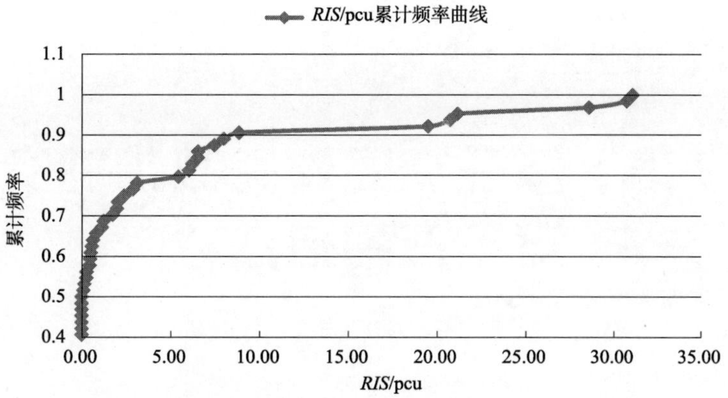

图 8-10　*RIS*/pcu 累计频率曲线图

8.3.2　安全评价步骤

(1)互通立交交织区交通安全评价步骤。

①确定交织构型、交通量、匝道设计速度,其中交织构型包括交织宽度 N,交织长度 L_S,至多 1 次变道完成交织车道数 N_{WL},主线、匝道交织车流最小变道次数 L_{FR}、L_{RF};交通量指标包括 V_{FR}、V_{RF}、V_{FF}、V_{RR},大车混入率;匝道设计速度一般按匝道形式根据《互通立交设计细则》(JTGT D21－2014)确定。

②根据《道路通行能力手册(2010)》计算交织区通行能力,从而获取 V/C。

③计算变道次数及交通冲突数。公式(8-5)参数根据表 8-7 取值,代入各变量计算变道次数 LC_{ALL},变道强度 $I_{LC}=LC_{ALL}/L_S$。

④计算 *RIS*。公式(8-4)参数取值根据 N_{WL} 与 V/C 值从表 8-1、表 8-3、表 8-5 中选择:

$N_{WL}=2$ 且 $V/C<0.7$ 时,选择表 8-3 中参数;

$N_{WL}=2$ 且 $V/C\geqslant0.7$ 时,选择表 8-5 中参数;

$N_{WL}=3$ 时,选择表 8-1 中参数。

代入各变量计算 *RIS*。

⑤交通安全分级。将 *RIS* 代入公式(8-17)计算 *RIS*/pcu,利用 *RIS*/pcu 根据表 8-12 得出交通安全等级。

(2)互通立交分流区、合流区交通安全评价步骤。

①交通特征参数及几何特征参数确定。通过实地调查得出互通立交分流区交通量、分/合流比、大车混入率、减速车道长度、出口匝道半径等交通流特征参数及几何特征参数。

②交通冲突计算。以交通特征参数及几何特征参数为自变量带入公式(8-11)～公式(8-14),计算各类交通冲突数。

③计算 *RIS*。将严重追尾冲突与严重侧记冲突数带入 *RIS* 计算公式,得出分流区、合流区*RIS* 值。

④将 *RIS* 代入公式(8-17)计算 *RIS*/pcu,根据表 8-12 得出交通安全等级。

第9章 基于交通冲突技术的交通安全改善方法

9.1 引言

从道路交通安全工程角度考虑，对道路设施进行交通安全分析后，下一步就应该对不安全的设施进行“修理”，以提高其安全性。交通安全诊断与改善是道路设施交通安全性提高的重要过程和步骤。交通安全诊断技术就是借助于某些手段对可能存在的安全隐患进行诊察，并发现安全问题所在的一种技术。改善对策制订就是针对存在的问题给出合理的改善方法。

美国等发达国家由于具有完整的交通事故记录系统与体系，对于交通安全诊断与改善采用对交通事故原因进行分析的方法，发展中国家因不具有完整的交通事故的记录系统与体系，目前对于道路设施交通安全诊断与改善所采用的方法比较杂乱，尚没有形成系统。

本章依据交通冲突的产生机理与交通事故相似的特点，将交通冲突作为交通事故的替代工具，引入到安全诊断领域，并在诊断结果的基础上提出相应的改善对策。

采用交通冲突分析方法中的有关技术对互通立交进行交通安全诊断，并在获得诊断结论的基础上，提出相应的改善措施，其技术流程如图9-1所示。

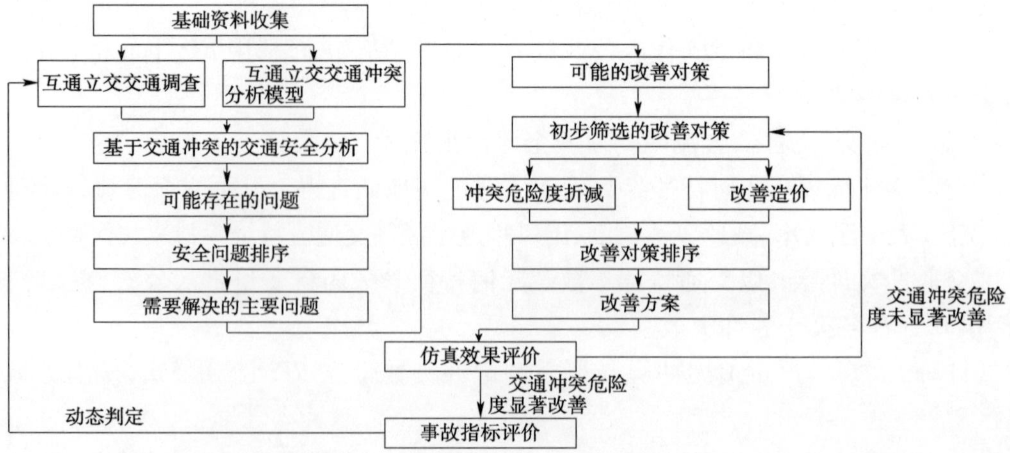

图9-1 交通安全诊断与改善对策制订流程

9.2　改善前评价

改善前评价即通过交通调查与交通冲突分析模型获取对象现状交通安全态势。交通调查可获取现状道路交通资料、真实的交通冲突发生位置,并让专业人员直观感受到对象构造物在特定的道路交通条件下的事故风险隐患;而根据第8章关于交通冲突的交通安全分析模型,结合调查获取的道路交通资料,可得到改善对象的交通冲突危险度。

(1)互通立交交通调查。

如第4章所述,交通冲突数据是调查获取的主要数据,同时可获得交通量、车型组成、行车速度以及构造物形式、道路标志标线设置情况等资料,集合前期基础资料的收集,可全面反映对象道路交通现状。获取的交通量、车型组成、流量流向比、匝道设计速度等将直接作为交通冲突分析模型的输入数据,而获取的交通冲突位置、各断面行车速度(相邻断面速度差)将直观地体现交通安全隐患地点,有利于更具针对性地制订交通安全改善措施,调查获取的交通冲突位置与各断面行车速度成果示意图如图9-2、图9-3所示(以交织区为例)。

图9-2　互通立交交通调查获取的交通冲突位置示意图

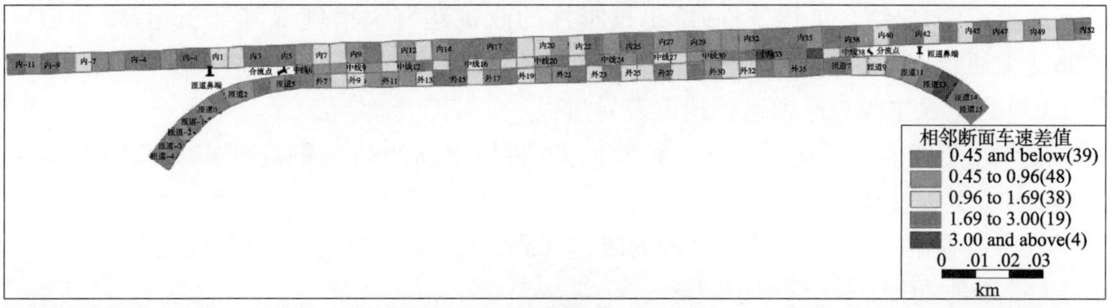

图9-3　互通立交交通调查获取的相邻断面车速差分布

如图所示,交通冲突位置集中以及相邻断面速度差较大的区域是交通事故隐患点,可利用其分布特征规律,通过道路交通设计(线形优化、断面拓宽等)与交通管理(道路标志标线)来进行交通安全改善设计。

如果已有现状道路交通条件资料,即交通冲突分析模型输入数据已经获取,且人力、经济条件不允许,可通过交通冲突机理分析对交通冲突位置进行分析而不进行完整的交通调查,直接进行分析模型应用。

(2)交通冲突分析模型应用。

将互通立交分解为交织区、合流区、分流区,结合交通调查获取的输入数据,根据第8章交通冲突分析模型,分别对其进行现状交通冲突分析,评价其交通冲突危险度以及在现状条件下,如何进一步对道路条件加以改善,以获得更高的道路交通安全性能。

分别分析各可改善的道路交通指标对交通冲突分析模型产生的交通冲突危险度变化,即对各可改善的指标进行交通冲突危险度敏感性分析,结合各可改善措施的综合成本制订出最优的改善方案,各种可能的指标改善即改善措施如下节所述。

9.3 互通立交可能存在的安全问题与改善措施

9.3.1 交织区

(1)交织构型不合理。

不同的交织形式适用于不同的交织流量比、交通量的组合。如图9-4所示,在交织宽度为4车道的条件下,图9-4a)所示形式适用于主线交通量大,交织流量比较小的情况;图9-4b)所示形式适用于主线交通量大,交织流量比较大的情况;而图9-4c)所示形式适用于主线交通量相对小,交织流量比较大的情况。

改善措施:应结合交通冲突调查或交通冲突分析模型结果,对现有交织区构造形式做相应的交织区形式改扩建调整。

(2)交织区长度不足。

交织区长度的不足通常导致交织强度过大,将严重影响交通安全与效率。

改善措施:应结合工程条件,给出根本性的改扩建解决措施或降低车速、增加信号控制的交通管理措施。

(3)交织区主线与匝道运行速度差异过大。

交织区主线与匝道运行速度差异性过大,将使得交织行为的完成需要急剧的减速措施,容易引发交通安全事故。

改善措施:在主线上游设置合理的限速标志,具体限制值,参考分析模型制订。

(4)警告、预告与确认标志缺乏。

警告标志的缺乏使得交织区车辆无法提前应对可能出现的交织车流;预告与确认标志的缺乏使得不熟悉路况的驾驶人无法熟练地完成交织运行,造成行车犹豫不决、停车,甚至出现倒车现象,严重威胁交通安全。

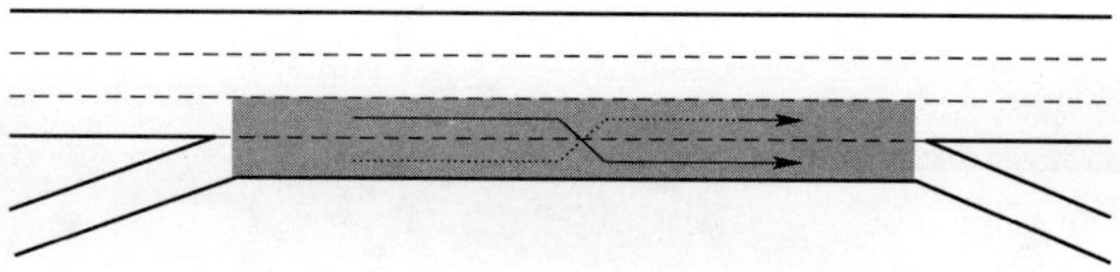

a)四车道匝道交织

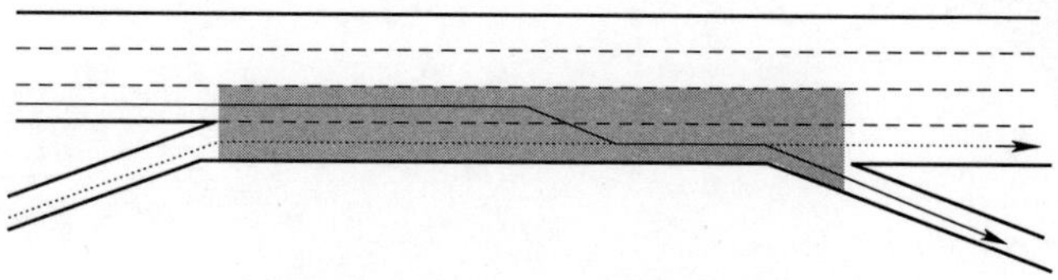

b)四车道主线交织（单车道匝道）

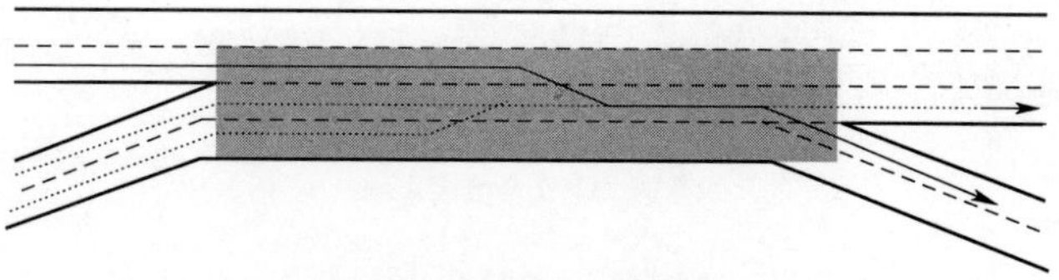

c)四车道主线交织（双车道匝道）

图 9-4　相同交织宽度条件下不同匝道形式选择示例

改善措施:在主线上游合理位置设置合流警告标志以及分流交通预告标志,在交织区分流衔接部附近适当位置设置确认标志。

(5)交通标志标线损坏。

交通标志标线的损坏、不清晰,将使得交通管理措施的效果进一步弱化,不利于交通组织。

改善措施:对道路标志、标线进行定期的养护管理。

9.3.2　合流区

(1)合流衔接部设计不合理。

衔接部的过渡平稳与否,决定了合流车辆对整体交通流的交通干扰程度。不适应的衔接形式将会造成大量的交通冲突,进而转化为事故。

改善措施:根据我国《公路立体交叉设计细则》JTGT D21—2014,对于合流衔接部,单车道匝道应采取平行式,双车道匝道应采取直接式。但双车道直接式汇入往往会造成匝道车辆未充分加速汇入主线,因此,双车道匝道应采取双车道汇集成一车道,再平行式汇入主线的形式,如图 9-5 所示。

(2)加速车道长度不足。

加速车道长度不足,将导致匝道车辆无法以与主线足够接近的速度汇入主线,造成速度差异性过大,影响交通安全。

a)互通式立交合流区开端

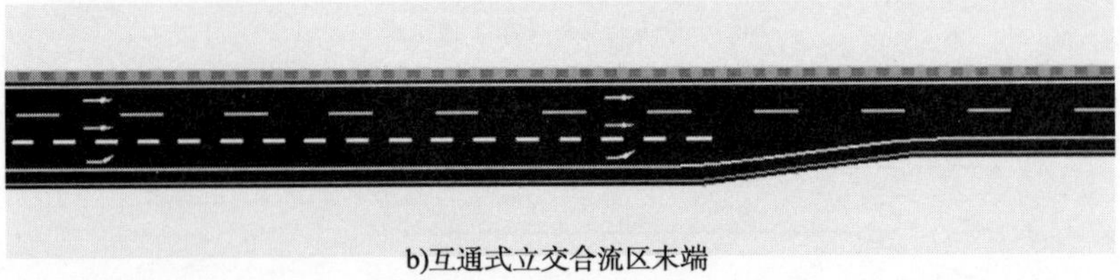

b)互通式立交合流区末端

图9-5　互通式立交合流区衔接部改善示意

改善措施:延长加速车道长度,并合理施画标志标线。

(3)主线限速不合理。

主线限速不合理将造成主线与匝道运行速度差异性过大,易引发交通安全事故。

改善措施:通过在匝道鼻端上游设置主线限速标志,合理设置主线限速。

(4)警告标志缺乏。

合流警告标志的缺乏,使得驾驶人无法提前对可能出现的合流车辆进行准备,易引发交通事故。

改善措施:在主线上游合理位置,设置合流警告标志。

(5)交通标志标线损坏。

交通标志标线的损坏、不清晰,将使得交通管理措施效果进一步弱化,不利于交通组织。

改善措施:对道路标志、标线进行定期的养护管理。

9.3.3　分流区

(1)分流衔接部设计不合理。

衔接部的过渡平稳与否,决定了分流车辆对整体交通流的交通干扰程度。不适应的衔接形式将会造成大量的交通冲突,进而转化为事故。

改善措施:根据我国《公路立体交叉设计细则》JTGT D21—2014,对于分流衔接部,单、双车道匝道应采取直接式。分流匝道与主线交叉角度不宜过大。

(2)减速车道长度不足。

减速车道长度不足,将导致主线车辆无法在驶入匝道时获取足够低的速度,进而易在匝道上以过快的速度行驶,可能造成翻车事故。

改善措施:延长减速车道长度(或降低主线限速值),并合理施画标线,在高差较大的匝道外侧设置防护栏。

(3)主线限速不合理。

主线限速不合理将造成主线与匝道运行速度差异性过大,易引发交通安全事故。

改善措施:通过在主线上游合理位置设置主线限速标志,合理设置主线限速。

(4)预告与确认标志缺乏。

预告与确认标志的缺乏,使得不熟悉路况的驾驶人无法熟练地完成交织运行,造成行车犹豫不决、停车,甚至出现倒车现象,严重威胁交通安全。

改善措施:在主线上游合理的位置设置"分流预告标志牌",分流匝道鼻端附近设置确认标志。

(5)交通标志标线损坏。

交通标志标线的损坏、不清晰,将使得交通管理措施效果进一步弱化,不利于交通组织。

改善措施:对道路标志、标线进行定期的养护管理。

9.4 改善对策排序方法

改善对策存在着改善效果与费用两个属性,而交通安全改善的目标是以最小的代价获得最大的改善效益。因此,构建交通安全改善对策的排序指数 Y,其计算方法如下:

$$Y = \frac{B}{C} \tag{9-1}$$

式中:Y——交通安全改善对策的排序指数,Y 值大的问题是应优先考虑的解决措施;

B——交通安全改善对策可减少的交通冲突危险度,通过交通冲突分析模型得出,无法通过分析模型直接得出的,可通过仿真实现;

C——交通安全改善对策所需要的费用,单位:万元。

9.5 改善效果评价

(1)评价目的。

对交通安全改善实施后的总体安全效果和措施有效性进行评价,评估投入产出效益,积累下一步交通安全改善工程实施经验,主要包括仿真效果评价与事故指标评价。

(2)仿真效果评价。

仿真效果评价用于检验基于交通冲突分析模型改善措施的有效性,并考虑一些其他交通冲突分析模型并未涉及或无法完全涉及的因素(如道路交通标志、标线的设置等)进行仿真分析,综合评价交通改善措施的效果。交通冲突仿真方法如第6章所述,采用VISSIM整合SSAM模型实现,其中VISSIM的驾驶行为参数需要根据调查道路交通数据进行校正。

若通过交通冲突仿真发现,交通冲突危险度并未显著改善(通过T检验实现,下同),则应回到交通安全改善措施的选取,对交通冲突分析模型进行干预,利用交通仿真获取的交通冲突危险度改善效益重新进行方案排序、方案确定。

若通过交通冲突仿真发现,交通冲突危险度得到显著改善,交通安全改善措施得以确定进入工程实施。

(3)事故指标评价。

事故指标评价指在工程实施后,对其实际产生的效果——交通事故指标的减少程度进行评价,宜在工程实施完成后的三年内,每年进行。进行事故指标评价后,根据改善工程的实施效果,并结合改善对象基础指标的变化、交通环境的变化或新的交通安全的要求等,对交通安全形势进行重新判断,以制订最适合新形势下的改善方案,宜由主管部门定期主导执行,实现常态的动态判定—交通安全改善机制,不断提高互通立交的交通安全保障水平。

9.6 实例分析

以林东枢纽交织区为例,说明交通安全改善方法。

(1)实例背景。

林东枢纽位于徐州市东南侧废黄河北岸,地势较平坦,略有起伏,废黄河及漫滩形成淮河干流与沂沭泗流域分水岭,地下水位较高。地貌属于废黄河冲积平原,具有中等-严重液化土并且存在软土夹层,需进行特殊处理。林东枢纽等级为一级,占地约0.4km^2,主线设计长度为2648m;匝道全长7901.5m;连徐公路改建长度1900m。设主线跨线桥1座长1651.2m、通道3道、涵洞2道;匝道桥8座共长2247.124m、匝道涵洞4道;连徐公路旧桥加宽1座长51.96m、通道加宽2道;改路长1234m、改渠170m。

从现状来看,林东枢纽整体情况较好,但仍然存在一些交通安全问题,表现在:交通安全设施的缺失、不规范以及与道路功能的不协调,容易导致驾驶人判断错误而诱发交通事故;交通标志标线设置不合理或不规范,易造成交通事故;交织区车道不平衡,造成交通紊乱。由于现状存在较为明显的交通安全隐患,故在(2)直接对其进行交通安全改善(通过规范化的道路交通安全设计),而为了演示基于交通冲突技术的交通冲突改善方法,在(3)中进行了对未来年可能的道路交通条件进行交通安全改善。

(2)现状存在问题及改善措施。

现状交织区如图9-6所示,主要存在着车道不平衡问题。

图9-6 现状交织区

根据《道路通行能力手册(2010)》,两个相邻进出口匝道,若没有辅助车道相连,则被认为是独立的匝道连接部,而不是交织段,这将引起匝道车辆与主线车辆的严重冲突,因此,在使用交通冲突分析模型之前,就应避免此种设计,采取如下措施改善:

①将第一车道变为交织车道,禁止非交织车辆进入;

②将第二车道变为集散车道,供交织车辆并入(分离)主线使用,同时禁止非交织车辆驶入,如图9-7所示;

③在交织区上游,封闭最外侧车道,可作为应急车道使用,如图9-7所示。

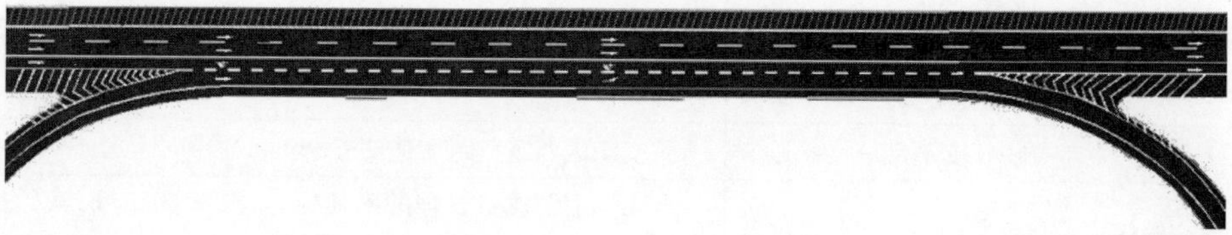

图9-7 互通式立交交织区改善示意图

(3)未来交通负荷增大时的改善措施。

假设其交通量在未来年交织交通量增至 $V_{FR}=1260\text{veh/h}$, $V_{RF}=540\text{veh/h}$, $V_{FF}=V_{RR}=0$(因该交织区本质为集散车道,故交织流量比为1),而在白实线外的直行车流 $V_{FF0}=400\text{veh/h}$,大车比例20%,主线设计速度为100km/h,匝道设计速度40km/h,对此交织区进行交通安全改善方案设计。

①交通冲突模型分析。经现状改善后,由于在主线外侧车道施画了白实线禁止变道,因此其实际的交通形式为交织形式,如图9-8所示。交织区长度235m,其本质是专为交织车流服务的集散车道。

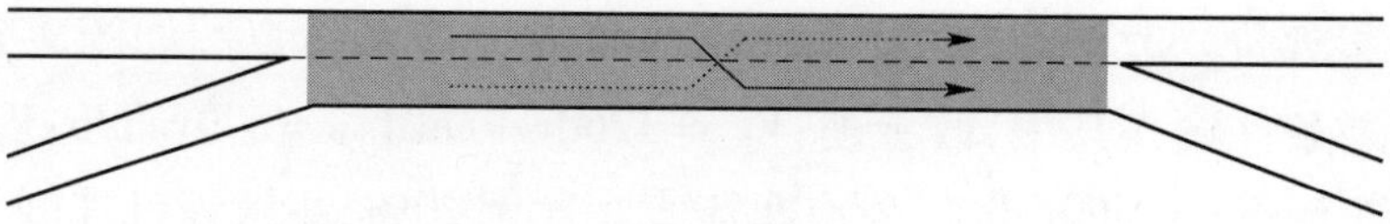

图9-8 实际交织形式

a. 交织区构型，如图 9-9 所示，其车道数 $N=2$，$L_{FR}=1$，$L_{RF}=1$，$N_{WL}=2$。

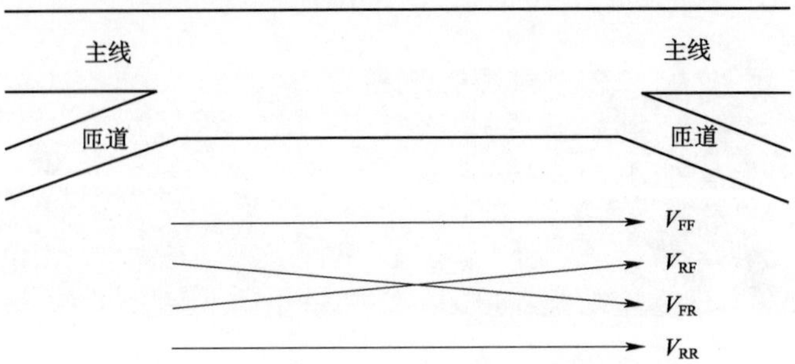

图 9-9　交通量示意图(主线指白实线右侧区域)

b. 计算 V/C，根据 HCM2010 计算公式，其通行能力为 2400veh/h，$V/C=0.75$。

c. 计算变道次数，根据公式(8-5)，参数根据表 8-3 取值，得到 $LC_{ALL}=1333$LC/h，$I_{LC}=LC_{ALL}/L_S=5.671$c/h/m。

d. 计算 RIS，选择 $N_{WL}=2$，$V/C\geqslant0.7$ 的交织区交通冲突分析模型参数，代入得 $RIS=112.7$。

②存在问题与解决方案。存在问题与解决方案见表 9-1。

可能存在问题与解决方案　　表 9-1

问题编号	存在问题	解决方案
1	交织构型不合理	由于交通流量增大，现有交织区构造形式已无法满足要求，将白实线换成白虚线
2	交织长度不足	将交织区两匝道距离延长至 350m
3	交织区主线与匝道运行速度差异过大	在主线上游设置合理的限速标志，限速 80km/h，其后在适当位置设置限速解除或新的限速标志

③改善对策排序。分别计算问题 1、2、3 的改善对策排序指数，其中由交通冲突分析模型可得 $B_1=71.5$，$B_2=-10.2$，$B_3=44.1$，由此可知问题 2 的改善措施反而增大了交通冲突危险度(原因是交织长度的增大反而增加的变道的自由度)，因此不考虑问题 2。

根据工程造价，C_1 约为 1 万元，C_3 约为 0.42 万元。根据公式(9-1)，$Y_1=71.5$，$Y_3=105$。

④改善方案。当出现本文假设的未来年情况时：

a. 在主线上游设置合理的限速标志，限速 80km/h，其后在适当位置设置限速解除或新的限速标志；

b. 将交织区内禁止变道的白实线换成白虚线。

⑤仿真效果评价。改善前、改善后的 VISSIM 仿真模型示意图如图 9-10 所示。

分别将交通条件输入其中，改善前：$V_{FR}=1260$veh/h，$V_{RF}=540$veh/h，$V_{FF}=V_{RR}=0$，白实线外的直行车流 $V_{FF0}=400$veh/h；所有车流大车比例 20%；主线设计速度为 100km/h；匝道设计速度 40km/h；交织区长度 235m；车辆输入位置为三处——交织区主线，白实线外侧主线，合流区匝道上游。改善后：其他条件一致，只是白实线外直行车流转化为 V_{FF} = 400veh/h；车辆输入位置为两处——交织区主线，合流区匝道上游。

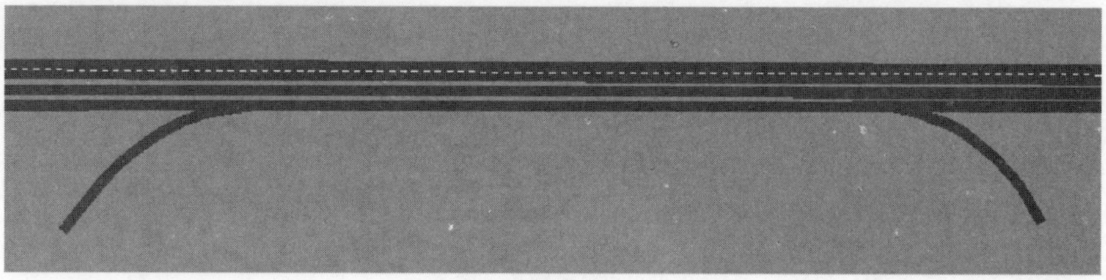

a)改善前

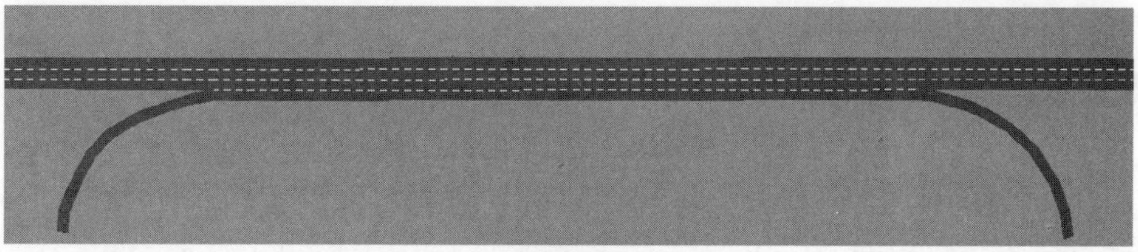

b)改善后

图 9-10　改善前后仿真模型示意图

两种情况均进行两小时的交通仿真，并将改善前后仿真结果（trj 文件）分别导入 SSAM，进行 T 检验判断改善效果，取 T 检验、F 检验显著性水平均取 0.05，分析结果见表 9-2。

改善前后交通冲突率变化显著性检验　　表 9-2

冲突类型	均值（改善后）	方差（改善后）	样本数（改善后）	均值（改善前）	方差（改善前）	样本数（改善前）	T 检验值	临界值	是否显著	均值差异
交叉冲突	0	0	2	0	0	2	0	2.92	NO	0
追尾冲突	3259	0	2	4896	0	2	-∞	2.92	YES	-1637
侧击冲突	295	0	2	337	0	2	-∞	2.92	YES	-42
总计	3554	0	2	5233	0	2	-∞	2.92	YES	-1679

由表可见，经过改善，两小时总的冲突数由 5233 降低为 3554，产生了显著性效果，通过了 T 检验。因此，交通安全改善措施可进入工程实施。

⑥事故指标评价。改善措施完成并投入使用后三年内，每年进行一次基于交通事故指标的改善效果评估，若未发生明显改善，且事故率依然居于高位，则需进一步分析交通事故发生位置产生原因，并对改善措施做相应调整；若交通事故率显著增大，则应检查工程实施内容与位置是否正确，如有错误应立即拆除并正确设置。同时重新进行交通调查，发现是否存在新的交通条件，进入新形势下的交通安全改善设计流程。

第 10 章　结论与展望

10.1　结论

交通冲突技术作为交通安全相关问题的有效研究手段,以其自身优点,已经在工程技术领域得到了一定程度的应用,尤其在城市道路应用中取得了良好效果,这为将其应用在高速公路互通立交领域提供了可能。交通冲突数据的采集技术随科技发展而不断更新,提升了交通冲突技术的研究效率,结合仿真技术,丰富了研究基础,形成了基于高速公路互通立交的一套方法论。但作为一种方法体系,仍不够完善。本书通过理论分析和工程应用两部分的系统介绍,构建了互通立交区域交通冲突分析方法的体系框架,拓展了交通冲突技术作为一种独立的研究方法用于交通安全的研究领域。

在理论分析部分(第 2 章 ~ 第 6 章),首先对交通冲突的产生机理进行了研究,分析了驾驶行为、交通流运行特征、道路几何设计等因素对冲突产生的影响,并对不同构造区交通冲突数描述和计算方法进行了探讨,在此基础上,对交通冲突数据采集方法进行了系统介绍,并针对互通立交观测的特殊性,最终制订了采用航模技术的相应数据采集规程,为数据采集和分析处理提供了依据。第 6 章中根据主观客观相结合的方法确定了以 TTC 为指标的各类交通冲突的阈值,并根据各类交通冲突对应的事故数据,确定了各类型交通冲突的权重,完成了高速公路交通冲突综合指标的构建。理论分析部分的内容涵盖了近几年作者在此研究领域的主要研究成果,不仅是对交通冲突技术相关概念、原理的介绍说明,同时也是为后续工程应用部分所做的必要准备。

在工程应用部分(第 7 章 ~ 第 9 章),首先采用"交通流—交通冲突"两步校正方法:基于行程时间指标进行交通流校正,通过聚类分析选出各参数集群的交集进入交通冲突校正,获取仿真软件最优的驾驶行为参数集合。获得大量的不同情况下的仿真数据,分析交通冲突与交通状况的相关性,建立分析模型。介绍了技术在安全评价中的应用情况:以互通立交的交织区、合流区和分流区为主要研究对象,分别采用交通安全度以及交通安全服务水平的方法对交通安全评价中所涉及的各种问题进行了详细说明,就如何利用采集到的冲突数据定量考察研究对象的交通安全状况进行了系统介绍。

同时,书中还对基于交通冲突技术的交通安全风险预测、交通安全诊断的相关方法进行了介绍,在深度和广度上拓展了交通冲突技术的应用。

10.2 展望

自20世纪80年代交通冲突技术引入我国后,无论在理论研究还是工程应用领域,均得到了快速发展。本书主要研究交通冲突技术在高速公路互通立交方面的分析应用,基于G36与G42互通立交马群枢纽调查数据和仿真实验数据进行了高速公路互通立交交通冲突形成机理、交通流运行特征分析、交通冲突综合指标构建等研究,并提出了交通冲突安全分析模型、交通安全评价和改善。但作为一种完善的方法体系,交通冲突技术在以下几个方面还将得到不断完善。

(1)基础理论研究有待进一步深入。基础理论的研究是工程应用的前提和基础,随着研究的深入,可能需要对交通冲突相关理论进行更为细致的探索,以满足解决某些特殊问题的需要,如对特定类型冲突与相应事故之间换算关系的研究、特定类型车辆(如小汽车)冲突严重性判定的研究等。

(2)数据采集分析手段有待进一步改进。快速有效地获得冲突数据,一直是交通冲突分析方法能够有效应用于工程实际的关键环节。本书交通冲突采集方法主要通过航模拍摄法及视频处理软件,结合主客观分析法获得交通冲突的基本数据。虽然进一步改善了交通冲突观测方法,但仍因续航不足、软件精度不高、冲突判别模型标定等原因,影响了后续研究处理的准确性。因此,如何采用现代高新技术,自动获取冲突数据,克服人工判读存在的不足,是今后交通冲突技术要解决的重点。将交通冲突技术作为非事故方法预防交通事故发生,这必须是基于实现了交通冲突数据的自动采集技术。

(3)应用范围有待拓展。目前,交通冲突技术更多的只是应用在平面交叉口交通安全相关问题的分析上,在后续的研究中,还应进一步拓展交通冲突技术的应用范围,使得交通冲突分析方法作为交通安全问题的重要研究手段应用于各类道路交通设施。

(4)应用领域有待延伸。本书在工程应用部分,除重点介绍交通冲突技术在安全评价中的应用外,还将交通冲突分析方法引入事故预测和交通安全诊断领域,在一定程度上拓展了交通冲突技术的应用。在后续的工程应用中,研究人员可以根据研究对象的实际情况,结合对交通冲突分析方法的认识,进一步延伸交通冲突技术的应用领域。

(5)安全评价及事故预测方法有待进一步完善。交通安全评价和事故预测一直是交通安全相关研究的重点。在已有的研究中,尽管引入多种数学方法对安全评价和事故预测进行了多种尝试,但尚未建立完善的、考虑了不同道路交通设施特点的安全评价及事故预测模型。随着后续研究的深入及数学方法的改进,基于交通冲突技术的安全评价和事故预测结果的准确性将得到进一步提高。

(6)集成开发亟待开展。随着创新理念的不断加强,交通冲突相关理论研究不断深入，交通冲突技术作为一种有效的交通安全分析方法在工程领域已经得到了较多应用，为了便于工程技术人员直接使用已有的相关研究成果，应进行相应的软件开发，如编写基于交通冲突的交通安全评价软件，涵盖公路平面交叉口、城市道路交叉口以及高速公路互通立交等交通安全诊断软件、交通事故预测软件等。

总之，交通冲突以其与事故发生过程的相似性、数据获得的快速性以及冲突数据与事故数据之间的可换算性，已经成为交通安全相关问题的重要研究内容。随着数据采集手段的改进及各种评价、预测模型的开发与完善，交通冲突技术必将成为事故分析方法的必要补充，在小区域地点交通安全的相关研究中发挥越来越重要的作用。

附　　录

正交仿真实验数据表

试验号	交织形式	每车道交通量（veh/h）	大车比例	交织流量比	交织比	交织长度（m）	匝道设计速度（km/h）	变道次数（lc/h）	*RI*(/h)	*RIS*(/h)
1	a	165	0.05	0.05	0.00	100	40	16	0.0	0.0
2	a	299	0.10	0.10	0.07	171	45.7	57	0.0	0.0
3	a	433	0.15	0.15	0.14	242	51.4	552	0.0	0.0
4	a	567	0.20	0.20	0.21	313	57.1	1009	10.1	9.6
5	a	701	0.25	0.25	0.28	384	62.8	1417	0.0	0.0
6	a	835	0.30	0.30	0.36	455	68.5	1662	237.5	137.7
7	a	969	0.35	0.35	0.43	526	74.2	1479	157.2	69.9
8	a	1100	0.40	0.40	0.50	600	80	1166	176.8	77.4
9	b	165	0.10	0.25	0.43	600	57.1	211	0.0	0.0
10	b	299	0.05	0.30	0.50	526	51.4	513	1.1	1.2
11	b	433	0.20	0.35	0.28	455	45.7	1276	1.5	1.5
12	b	567	0.15	0.40	0.36	384	40	2065	15.9	14.6
13	b	701	0.30	0.05	0.14	313	80	2005	10.3	9.8
14	b	835	0.25	0.10	0.21	242	74.2	2462	27.8	23.5
15	b	969	0.40	0.15	0.00	171	68.5	1308	56.6	34.4
16	b	1100	0.35	0.20	0.07	100	62.8	1492	76.7	49.8
17	c	165	0.15	0.10	0.36	526	80	154	0.0	0.0
18	c	299	0.20	0.05	0.28	600	74.2	467	0.0	0.0
19	c	433	0.05	0.20	0.43	384	68.5	971	1.7	1.0
20	c	567	0.10	0.15	0.50	455	62.8	1793	6.3	5.4
21	c	701	0.35	0.30	0.00	242	57.1	3331	371.4	228.6
22	c	835	0.40	0.25	0.07	313	51.4	3115	428.3	246.1
23	c	969	0.25	0.40	0.14	100	45.7	2881	283.9	178.9
24	c	1100	0.30	0.35	0.21	171	40	2753	342.1	201.6
25	d	165	0.20	0.30	0.14	171	62.8	585	0.1	0.0
26	d	299	0.15	0.25	0.21	100	68.5	1104	2.7	2.2
27	d	433	0.10	0.40	0.00	313	74.2	3313	0.0	0.0
28	d	567	0.05	0.35	0.07	242	80	5716	5.7	5.4
29	d	701	0.40	0.10	0.43	455	40	4692	60.0	47.2
30	d	835	0.35	0.05	0.50	384	45.7	5055	39.2	35.6
31	d	969	0.30	0.20	0.28	600	51.4	3997	588.4	290.4

续上表

试验号	交织形式	每车道交通量(veh/h)	大车比例	交织流量比	交织比	交织长度(m)	匝道设计速度(km/h)	变道次数(lc/h)	RI(/h)	RIS(/h)
32	d	1100	0.25	0.15	0.36	526	57.1	4291	112.4	32.1
33	e	165	0.25	0.35	0.50	313	68.5	175	0.1	0.0
34	e	299	0.30	0.40	0.43	242	62.8	481	0.1	0.2
35	e	433	0.35	0.25	0.36	171	80	708	0.4	0.2
36	e	567	0.40	0.30	0.28	100	74.2	1302	3.3	2.0
37	e	701	0.05	0.15	0.21	600	45.7	1785	0.0	0.0
38	e	835	0.10	0.20	0.14	526	40	3586	0.7	0.0
39	e	969	0.15	0.05	0.07	455	57.1	3465	0.0	0.0
40	e	1100	0.20	0.10	0.00	384	51.4	4667	2.6	1.4
41	f	165	0.30	0.15	0.07	384	74.2	206	0.0	0.0
42	f	299	0.25	0.20	0.00	455	80	785	0.0	0.0
43	f	433	0.40	0.05	0.21	526	62.8	1006	0.1	0.0
44	f	567	0.35	0.10	0.14	600	68.5	2290	0.1	0.0
45	f	701	0.10	0.35	0.36	100	51.4	3298	22.8	18.4
46	f	835	0.05	0.40	0.28	171	57.1	4525	340.5	200.3
47	f	969	0.20	0.25	0.50	242	40	4060	285.7	168.8
48	f	1100	0.15	0.30	0.43	313	45.7	3834	225.8	118.9
49	g	165	0.35	0.40	0.21	455	51.4	528	0.0	0.0
50	g	299	0.40	0.35	0.14	384	57.1	1218	1.5	1.2
51	g	433	0.25	0.30	0.07	600	40	2528	6.0	5.4
52	g	567	0.30	0.25	0.00	526	45.7	3832	0.0	0.0
53	g	701	0.15	0.20	0.50	171	74.2	2774	11.7	8.8
54	g	835	0.20	0.15	0.43	100	80	3186	16.7	14.6
55	g	969	0.05	0.10	0.36	313	62.8	6176	0.0	0.0
56	g	1100	0.10	0.05	0.28	242	68.5	3876	0.0	0.0
57	h	165	0.40	0.20	0.36	242	45.7	316	0.0	0.0
58	h	299	0.35	0.15	0.28	313	40	910	1.1	1.2
59	h	433	0.30	0.10	0.50	100	57.1	1176	0.8	1.0
60	h	567	0.25	0.05	0.43	171	51.4	1931	2.5	2.0
61	h	701	0.20	0.40	0.07	526	68.5	9628	89.5	50.9
62	h	835	0.15	0.35	0.00	600	62.8	9628	196.0	89.7
63	h	969	0.10	0.30	0.21	384	80	10217	552.6	341.0
64	h	1100	0.05	0.25	0.14	455	74.2	9415	91.9	48.6

参 考 文 献

[1] 近五年高速公路交通事故分析[J]. 道路交通管理. 2008(05):26-27.

[2] 曹建军. 我国高速公路交通事故分析及对策[J]. 中国交通化. 2013(09):121-124.

[3] 刘东,马社强,等. 我国高速公路交通事故特点分析[J]. 中国人民公安大学学报(自然科学版)2008(4):65-68.

[4] 郭忠印,方守恩. 道路安全工程[M]. 北京:人民交通出版社,2004.

[5] 郝雅建. 互通立交桥安全评价方法的研究[D]. 天津:河北工业大学,2011.

[6] 李文权,张云颜,王莉. 道路互通立交系统通行能力分析方法[M]. 北京:科学出版社,2009.

[7] 孙家凤,周荣贵. 互通立交区安全性评价研究[J]. 河北工业大学学报(社会科学版),2011,74-77.

[8] 成卫. 城市道路交通事故与交通冲突技术理论模型及方法研究[D]. 长春:吉林大学,2004.

[9] Güttinger V A. From Accidents to Conflicts: Alternative Safety Measurement[C]. Proceedings of the 3rd International Workshop on Traffic Conflicts Techniques, Leidschendam, the Netherlands, 1982:14-25.

[10] Brown G R, Cooper P J. Role of Conflicts in Traffic Analysis[C]. Proceedings of 3rd Workshop of International Cooperation on Theories and Concepts in Traffic Safety, Cracow,1990:116-123.

[11] 郑来. 基于交通冲突极值统计的安全分析模型研究[D]. 哈尔滨:哈尔滨工业大学,2014.

[12] 张苏. 中国交通冲突技术研究[M]. 成都:西南交通大学出版社,1998.

[13] 项乔君. 道路交通冲突分析技术及应用[M]. 北京:科学出版社,2008.

[14] 葛兴. 公路平面交叉口交通冲突分析方法及应用研究[D]. 南京:东南大学,2010.

[15] 钟伟. 互通式立体交叉选型研究[D]. 成都:西南交通大学,2006.

[16] 冀秉魁. 基于驾驶员视觉特性的驾驶行为预测方法研究[D]. 长春:吉林大学,2014.

[17] 詹盛. 车辆主动安全系统关键预测算法研究[D]. 西安:长安大学,2014.

[18] Transportation Research Board, Highway capacity manual 2010[R]. Washington D C: National Research Council,2010.

[19] 王炜,过秀成. 交通工程学[M]. 南京:东南大学出版社,2011.

[20] 李浩然,吴超仲,褚端峰,等. 基于 K 均值聚类的高速公路汽车碰撞事故分析[J]. 中国安全科学学报,2013,23(11):91-96.

[21] 辟途威交通科技(上海)有限公司. VISSIM 5.3 用户手册[M]. 上海,2011.

[22] Rong Fan, Hao Yu, Pan Liu, Wei Wang. Using VISSIM simulation model and Surrogate Safety Assessment Model for estimating filed measured traffic conflicts at freeway merge areas,iet-its,2011.0232.

[23] Dusan Jolovic, Aleksandar Stevanovic, Evaluation of VISSIM and FREEVAL to Assess an Oversaturated Freeway Weaving Segment, TRB Annual Meeting, 2013.

[24] 张清华. VISSIM 微观交通仿真模型校正研究[D]. 北京:北京交通大学,2012.

[25] Vaughan B, Mcgregar A. Guidelines for the use of Micro simulation Software[R]. UK: highways Agency,2007.

[26] 时立文. SPSS19.0 统计分析从入门到精通[M]. 北京:清华大学出版社,2013.

[27] Gettman D, Pu L, Sayed T, et al. Surrogate safety assessment model and validation: Final report[R]. 2008.

[28] 张志召. 高速公路立交分合流区和收费站交通冲突研究[D]. 哈尔滨:哈尔滨工业大学,2014.

[29] 中华人民共和国交通运输部. JTGT D21—2014 公路立体交叉设计细则[S].

[30] 温学钧,杨屹东,方靖. 高速公路运行速度研究[J]. 公路交通科技,2002,19(1):80-82.

[31] 周光鑫. 高速公路爬坡路段交通流运行特征及影响因素分析[D]. 南京:东南大学,2014.

[32] 胡伍生. 神经网络理论及其工程应用[M]. 北京:测绘出版社,2006.

[33] 成卫. 城市交通冲突技术理论与应用[M]. 北京:科学出版社,2006.